EMERGENETICS®

チームの生産性を最大化する

エマジェネティックス®

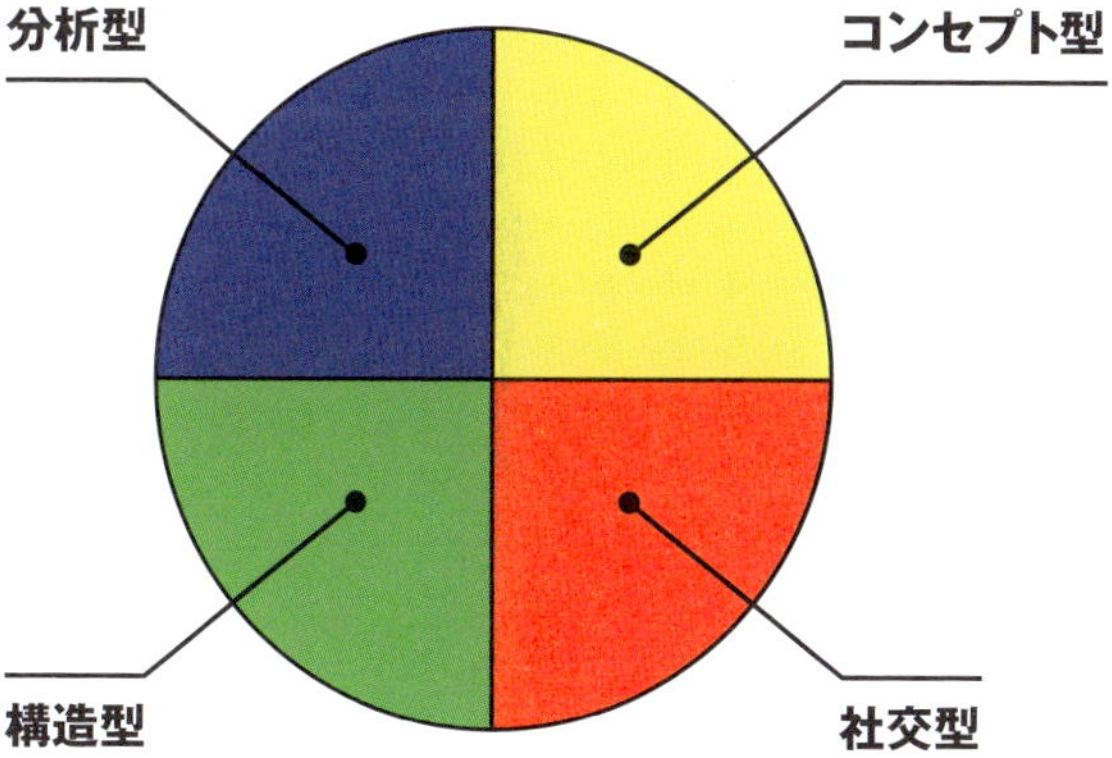

株式会社武蔵野 代表取締役社長
小山 昇 著

株式会社EGIJ　代表取締役
賀川正宣 監修

あさ出版

第❶問

突然ですがクイズです。
Aさん、Bさん、Cさん、Dさんの部署は、
メンバーそれぞれの強みを活かし、
好成績を上げていましたが、Cさんが異動になりました。

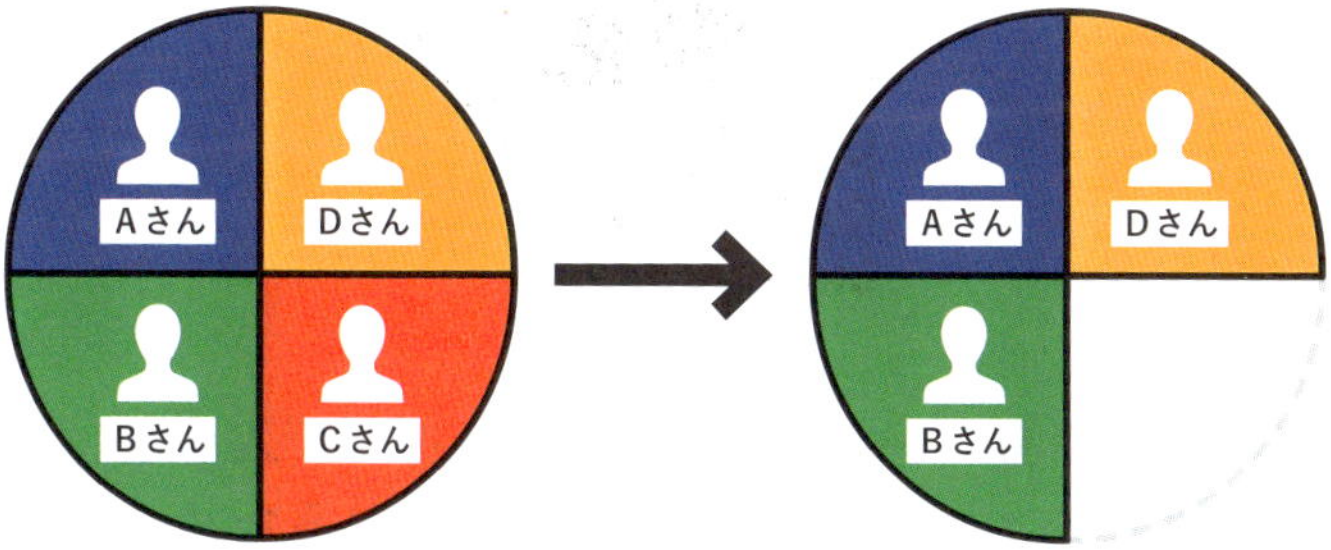

異動になったCさんのかわりに、誰を入れると、
この部署は好成績を継続することができますか？
メンバーの“色”を参考に選んでください。

答えは③のGさん。

Cさんと同じ色を持っているGさんが入ると、
これまでと同じ色の組み合わせになるため、
この部署は、好成績を継続することができます。

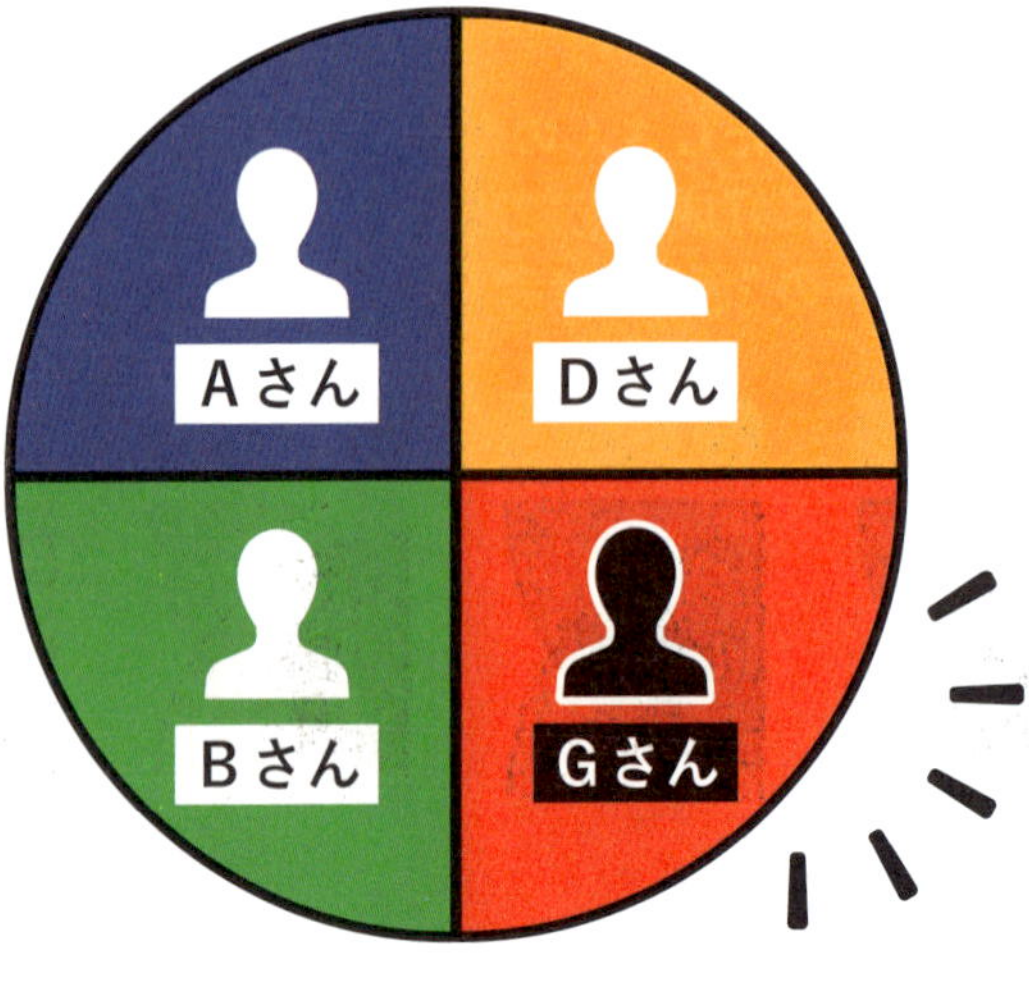

第❷問

次の問題です。
Aさん、Bさん、Cさん、Dさんの部署は、
コミュニケーションが非常によくとれた、
まとまりのあるチームでしたが、Dさんが産休に入りました。

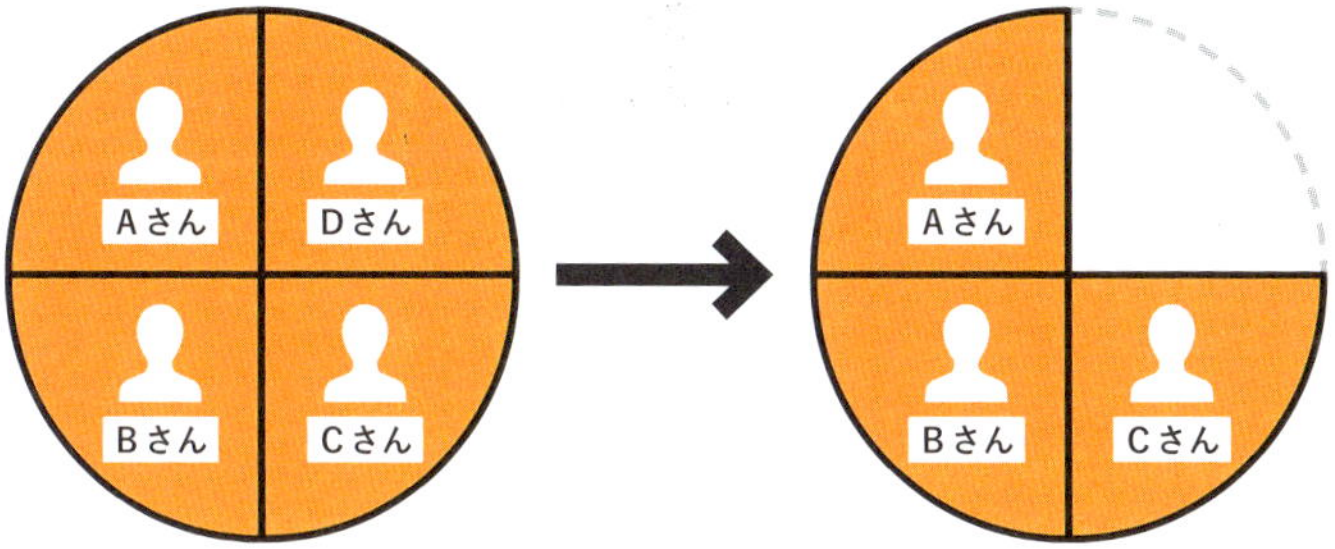

休職したDさんのかわりに、誰を採用すると、
この部署の雰囲気は良好になりますか？
反対に誰を入れると雰囲気が悪くなりますか？
メンバーの“色”を参考に選んでください。

❶ Eさん　❷ Fさん　❸ Gさん　❹ Hさん

答えは④のHさん。

他のメンバーと同じ色を持つHさんが入ると、
スムーズなコミュニケーションが実現でき、
チームの雰囲気は良好になります。
一方、青のEさん、緑のFさん、赤のGさんの誰が入っても、
まわりと色が違うため、居心地の悪さを感じてしまいます。
せっかく採用したのに退職なんてことにもなりかねません。

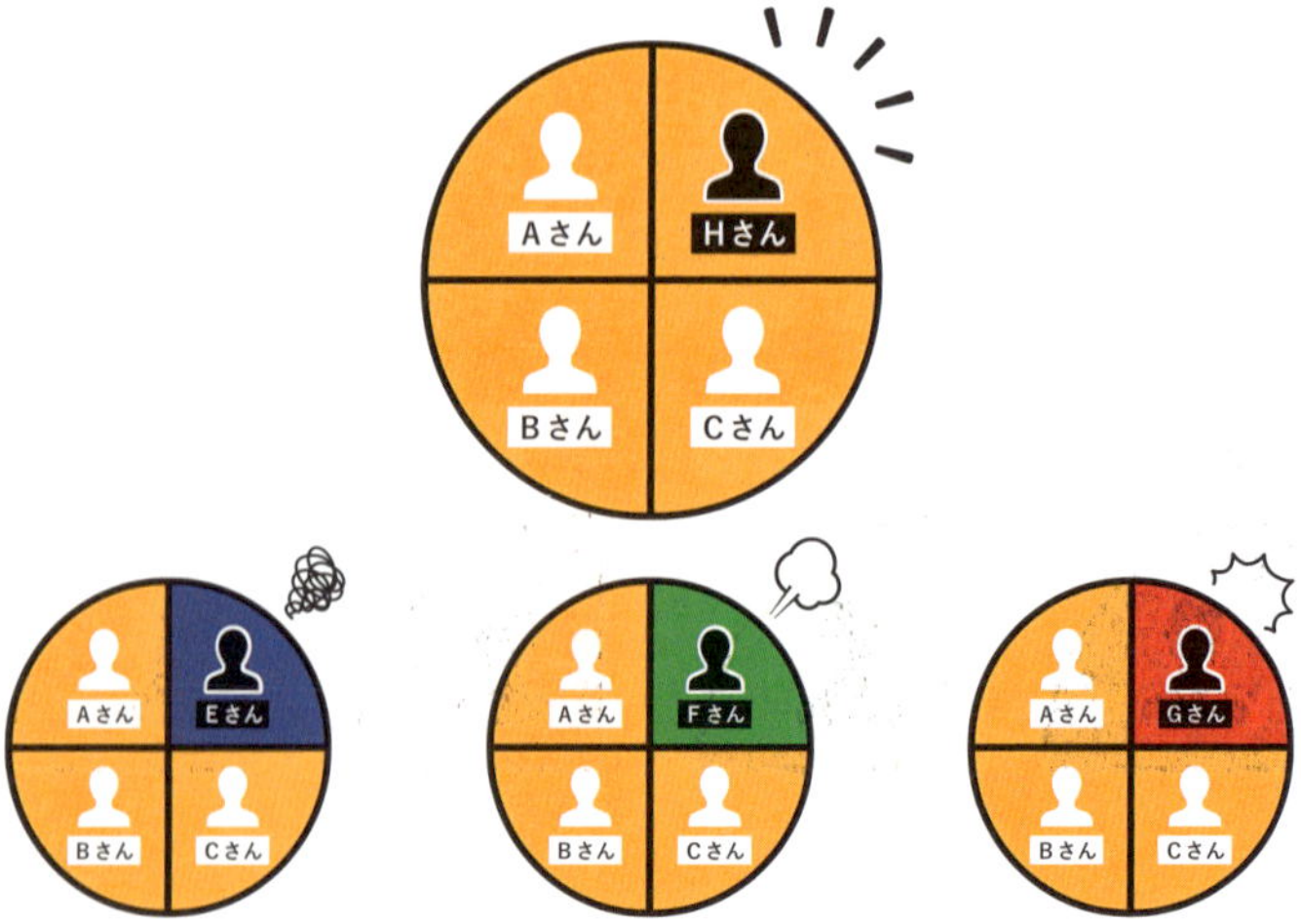

いかがだったでしょうか。
簡単なクイズです。
いつもは、社内の人間関係や
人事異動、採用で頭を悩ませるのに、なぜでしょうか。
それは、社員の特性が色でわかりやすく見えていたから。

色はそれだけで言葉です。

社員の特性をこのようにシンプルな形で把握できれば、

社内のコミュニケーションを良くすることができます。

社員の強みを活かした強い組織をつくることができます。

退職リスクを減らすことができます。

すなわち、**強い会社をつくることができる。**

そんな方法があるのか——**あります。**

しかも、科学的なデータの裏付けがとれた方法が。

それをこれから紹介します。

はじめに

初公開！ 最新脳科学が明らかにした小山昇の「頭の中」とは……？

なぜ小山昇は、「気づきの感性」が人よりも高いのか

経営サポートパートナー会員（株式会社武蔵野が経営支援する会員企業）である**「株式会社ビューマインド」**（エステサロン経営／高《たか》松《まつ》和《かず》愛《あい》社長）の現地視察（現地指導）を行ったときのことです。

ビューマインドを視察した「90分間」の中で、私が指摘した改善箇所はいくつあったと思いますか？

全部で「65個」です。

「1分30秒に1個以上」のペースで改善点を見つけたことになります。

私は、エステサロン業界の実情を正確に把握しているわけではありません。したがって、なかにはトンチンカンな指摘もあったはずです。

それでも、実感値として、80％（52個）は正しかった（業種を問わない再現性の高い改善提案をしている）。

私が現場の小さな変化やボトルネックに気づくことができるのは、なぜだと思いますか？

それは、経営サポートパートナー会員の社長よりも、私のほうが、

「頭がいい」

からです。

といっても、私は、大学を9年かけて卒業した落ちこぼれで、学力が高いわけではありません。

はっきり言って、記憶力は武蔵野の社員の誰よりも悪い。

英語も、国語も、さっぱりできない。

それでも私が武蔵野の中で一番「頭がいい」。

なぜなら、「頭がいい人」とは、「成績が良い人」のことでも、「一流大学を出ている人」のことでもなくて、

- **「物事を正しく分析する力」**
- **「すぐれた感性」**

の2つを備えている人を指すからです。


では、どうすれば「頭がいい人」になれると思いますか?

たくさん勉強して、たくさん知識を詰め込んでも、頭がいい人にはなれません。

頭を良くするには、「実際に体験する」のが一番です。

新しい体験をして、「ああ、なるほど。そういうことだったのか」と気づくことで感性が磨かれ、物事を正しく判断できるようになります。

感性とは、「気づき」のことです。私は、気づきの経験をたくさんした結果として、「この場合には、こうしたほうがいい」と「正しい判断」ができるようになった。

私は、自分のことを「他人よりもすぐれている」と意識したことは一度もありません。ただし、誰よりも「体験（失敗）の数が多い」。だから、頭がいい。

EGは、人間の思考特性と行動特性を分析するツール

私の感性と分析力は、体験の量に裏打《うらう》ちされたものです。ですが、おもしろいことに、小山昇の頭の良さ（私の感性と物事を分析する力の高さ）は、「最新の脳科学」からも読み解くことができます。

２０１０年に、私は、**「エマジェネティックス®」**（以下、**EG**《イージー》と表記）と呼ばれるツールを使って、自分の思考特性と行動特性を分析したことがあります。

ＥＧは、脳科学の理論と70万人以上の統計をもとにして、人間の個性を分析するプログラムです。

エマジェネティックス®

人間の思考特性と行動特性を分析するツール。その人の特性を「4つの思考特性」と「3つの行動特性」の組み合わせによって理解する。

- **4つの思考特性（分析型／構造型／社交型／コンセプト型）**
- **3つの行動特性（自己表現性／自己主張性／柔軟性）**

思考特性と行動特性の詳細は第1章で詳述するので、ここでは「思考特性」について簡単に説明します。

【4つの思考特性】

- **分析型**……数字やデータにもとづく論理的、合理的思考、分析により理解を深める
- **構造型**……計画の通りに、確実に実行することを好む。予測できる未来を好む
- **社交型**……人との関係性を重視する。人の気持ちを最優先する
- **コンセプト型**……さまざまなことに関心、興味、注意が向く。次々と変化する

EGでは、100の質問に答えることによって、その人の特性を「見える化」したプロファイルを作成します。次ページに掲載しているのが、2010年に受診したときの私のプロファイルです。

このプロファイルを分析すれば、小山昇の**頭の中が「丸見え」**になります。私の思考特性は、コンセプト型、分析型、社交型の3つが「26%」で、構造型が「21%」。コンセプト型、分析型、社交型の思考特性をほぼ等しく使っているのが特徴です。

分析型脳を普段からよく使っているので「物事を正しく分析する力」が磨かれ、コンセプト型脳で常に新しいことに興味が向き「すぐれた感性」が磨かれます。

この2つ（分析力と感性）を備えた人物を「頭がいい人」と定義するならば、「分析型（数字で分析する脳）」と「コンセプト型（気づく脳）」の数値が高い小山昇は、脳科学の見地からも、「頭がいい人」になりやすいとみなすことができます。

また、「人材戦略」が潰れない会社の要諦《ようてい》と考え、社員教育に年間1億円投資する方針は、「社交型（人とのつながりを大切にする脳）」の特性として説明できます。そして、「構造型

小山昇のプロファイル（2010年）

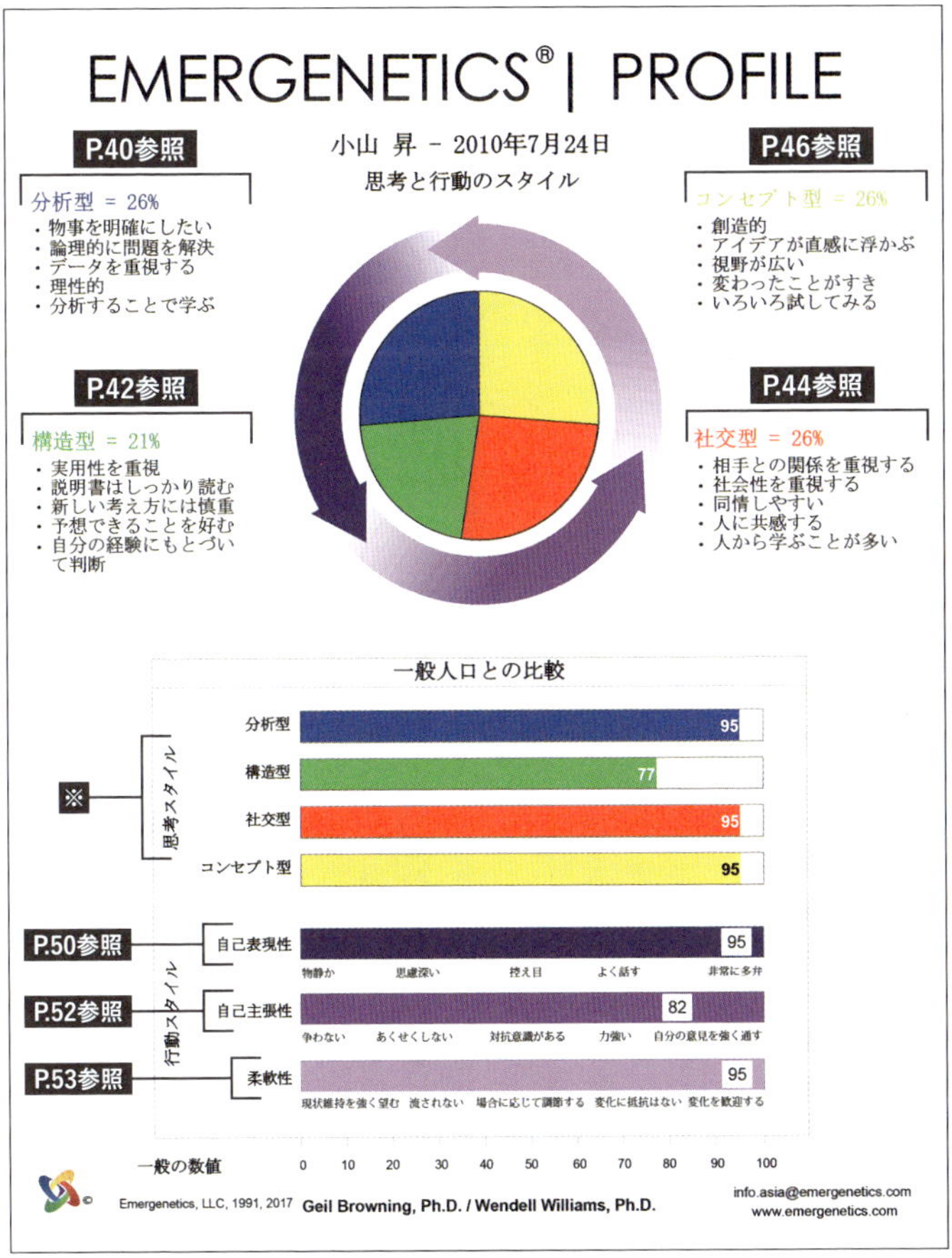

※思考スタイルの「パーセンタイル」がわかる。「パーセンタイル」とは「全体を100とした場合、小さいほうから数えて何番目に位置しているか」を示す数値のこと。「数値が高いほうが、その思考特性を使おうとするエネルギーの量が多い」と解釈する。背が高いか、低いかと同じように、優劣ではなく、その人の特徴。

「分析型（数字で分析する力）」「コンセプト型（気づく力）」「社交型（人とのつながりを大切にする力）」の3つの思考特性をほぼ等しく持っている。

（計画を実行する脳）」も意識的に使い、「経営計画書」にもとづく経営を行っている。

つまり、武蔵野の経営スタイルは、「私の頭の中を具現化したもの」と考えることができます（２０１６年にプロファイルを取ったときは、構造型の割合が減り、その分、コンセプト型が増えています。構造型の割合が減った理由は、定型業務を部下に任せるようにしたからです）。

ＥＧを導入したことで、武蔵野はどう変わったか

人は誰でも、４つの思考特性をすべて持ち合わせています。

ですが、その人のプロファイルは、生まれ持った遺伝的要素と生後の経験によって決まるため、「４つの特性をほぼ同じ割合で使う」とはかぎりません。

経営サポート事業部の営業部本部長、中嶋博記《なかしまひろき》（上司）と営業部部長の山崎哲二《やまざきてつじ》（部下）のプロファイルを比べてみると、２人の思考特性が大きく異なることがわかります。

中嶋博記は、コンセプト型と構造型の割合が多く、山崎哲二は、社交型と分析型の割合

小山昇のプロファイル（2016年）

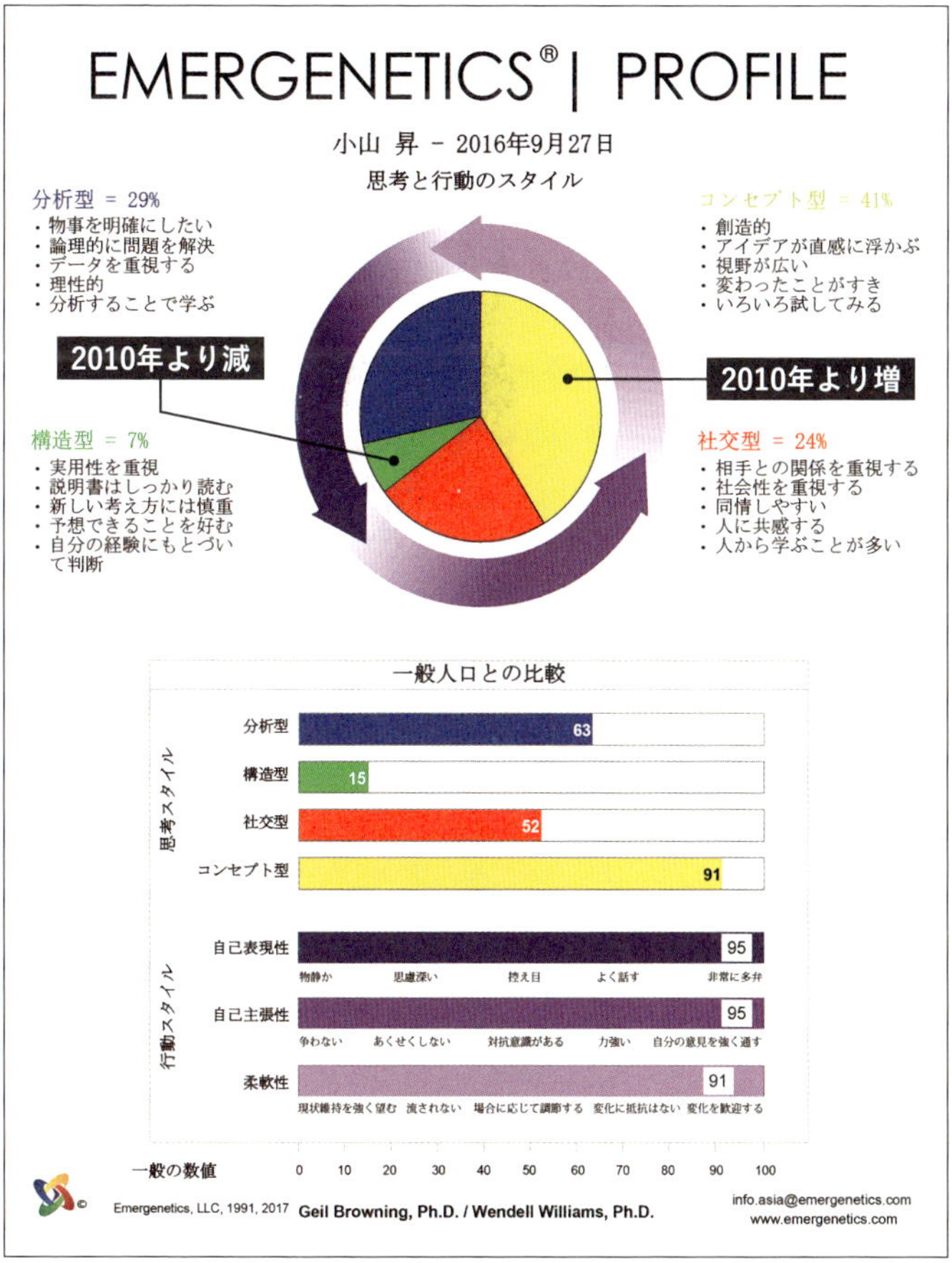

社内のボトムアップが進んだこと、病気をしたことから、定型業務を任せるようにしたため、「構造型」の割合が減った。同時にサポート会員数の増加に伴い、指導の機会も増え「コンセプト型」の割合が高くなった。

が多い。

プロファイルの違いは、「考え方」「伝え方」「仕事の進め方」「心地の良いコミュニケーションの取り方」などの違いとして表れます。ですから、プロファイルが違う人同士の場合、ミスコミュニケーションが起こりやすい。

実際に、中嶋は山崎のことを、

「伝え方が理屈っぽくて、鬱陶《うっとう》しい」

と思っていましたし、一方の山崎は中嶋に対して、

「思いつきばかり口にするし、会話に主語がなくてわかりにくい」

と感じていました。

ですが、EGを受診してプロファイルを共有するようになってからは、このような人間関係のストレスはなくなっています。

なぜなら、**「相手の特性」がわかれば、相手に合わせたコミュニケーションが可能になる**からです。

武蔵野は、2015年から**「株式会社EGIJ」**（エマジェネティックスインターナシ

相手のプロファイルがわからないと……

山崎は伝え方が理屈っぽい……

中嶋博記（上司）のプロファイル（構造型＋コンセプト型）

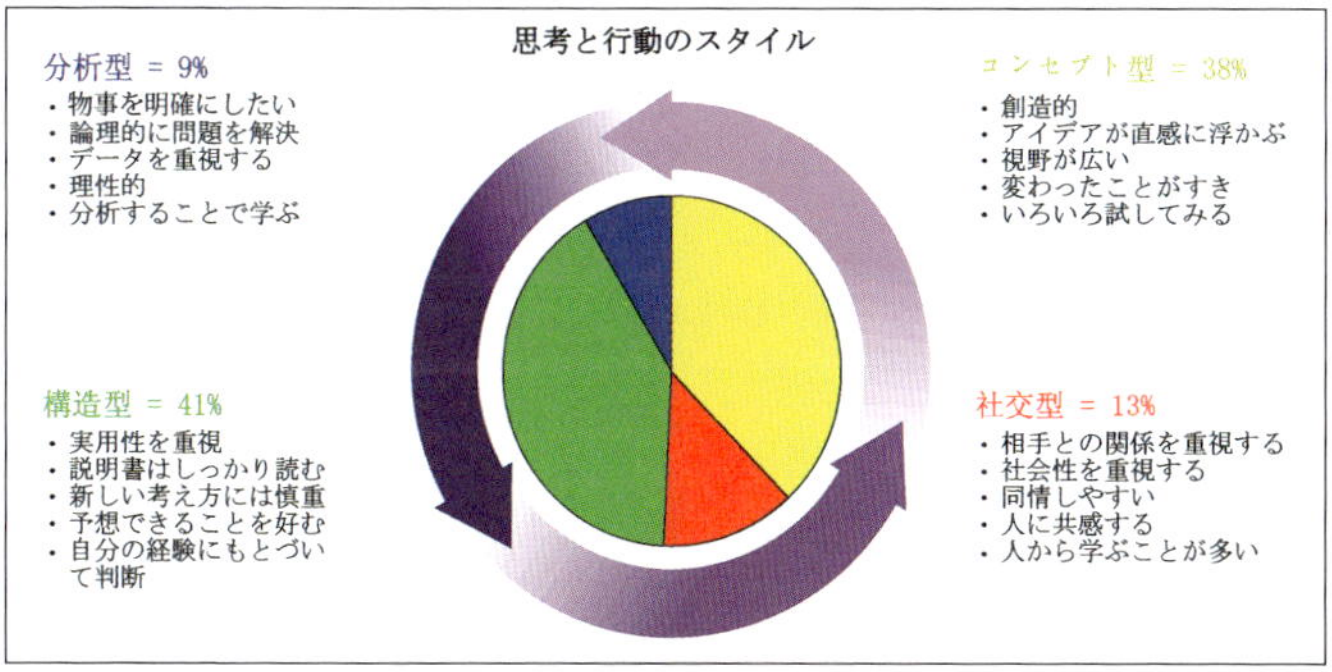
思考と行動のスタイル
分析型 ＝ 9%
・物事を明確にしたい
・論理的に問題を解決
・データを重視する
・理性的
・分析することで学ぶ
コンセプト型 ＝ 38%
・創造的
・アイデアが直感に浮かぶ
・視野が広い
・変わったことがすき
・いろいろ試してみる
構造型 ＝ 41%
・実用性を重視
・説明書はしっかり読む
・新しい考え方には慎重
・予想できることを好む
・自分の経験にもとづいて判断
社交型 ＝ 13%
・相手との関係を重視する
・社会性を重視する
・同情しやすい
・人に共感する
・人から学ぶことが多い

↕

中嶋は思いつきばかり……

山崎哲二（部下）のプロファイル（社交型＋分析型）

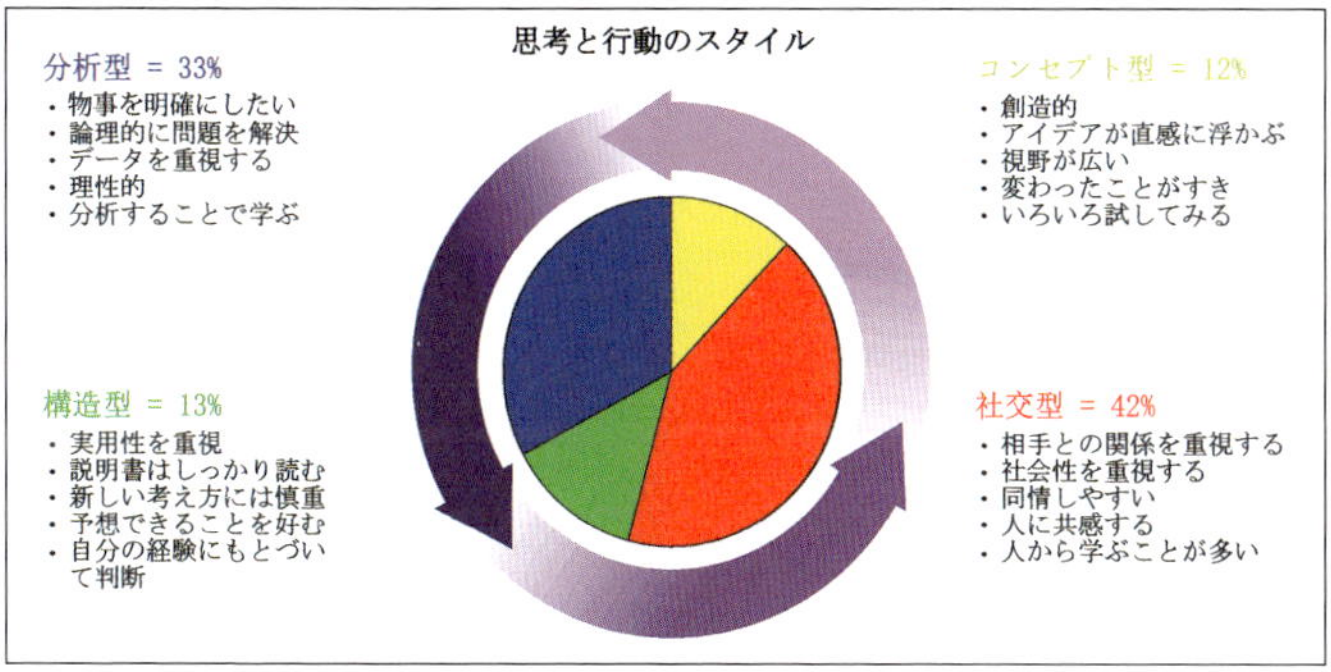
思考と行動のスタイル
分析型 ＝ 33%
・物事を明確にしたい
・論理的に問題を解決
・データを重視する
・理性的
・分析することで学ぶ
コンセプト型 ＝ 12%
・創造的
・アイデアが直感に浮かぶ
・視野が広い
・変わったことがすき
・いろいろ試してみる
構造型 ＝ 13%
・実用性を重視
・説明書はしっかり読む
・新しい考え方には慎重
・予想できることを好む
・自分の経験にもとづいて判断
社交型 ＝ 42%
・相手との関係を重視する
・社会性を重視する
・同情しやすい
・人に共感する
・人から学ぶことが多い

普段使う脳の色がまったく異なるため、お互いのプロファイルがわかるまで、ミスコミュニケーションが生じていた。

ヨナルジャパン／エマジェネティックス®を活用した人材コンサルティング会社）にご協力いただき、ＥＧの本格的な導入を進めています。現在までに、社員、パート、アルバイト、内定者を含め、４５７名が受診済みです。

全従業員がＥＧを理解できれば、

「なぜ、ミスコミュニケーションが起きるのか」
「どうして人間関係のイライラが生じるのか」
「どのように仕事をすれば、自分らしさが発揮できるのか」
「自分の得意、不得意はどこにあるのか」
「どうすれば、上司・部下に思い通りに仕事を進めてもらえるか」
「どんなコミュニケーションの取り方をすれば強いチームをつくることができるのか」

が視覚的にわかるようになるため、社内コミュニケーションの円滑化と、人材の適切な配置が可能になります。

武蔵野は、ＥＧを導入したことで、

- 社員の得意なことを伸ばす組織づくりが可能になった
- 仕事の役割分担が明確になった
- 違う思考を持つ者同士が、相互に協力し合う強い組織ができた
- コミュニケーション不全に由来する退職が減った
- 人間関係のストレスに悩まされなくなった
- 新卒採用の内定辞退率が減った

といった効果が表れています。

事実、この9年間で社員222名中、上位100名の退職者はゼロ。また、2017年は、企業にとっては「就職氷河期」で、多くの中小企業は新卒採用に失敗しています。その中にあって、武蔵野は、25人目の内定者まで、内定辞退ゼロの快挙を達成した。

EGを使った「コミュニケーションのさらなる改善」が武蔵野の増収増益の源泉《げんせん》になっ

ているのは、間違いありません。

本書では、武蔵野や経営サポートパートナー会員のEG導入事例を通して、中小企業経営におけるEGの利用技術について解説していきます。

EGをまだ導入していない企業や、導入を検討している企業の方でも、第1章に掲載した4つの思考特性と3つの行動特性を参考に、「自社の社員がどのプロファイルに当たるか」を推測し、仮置きして本書をお読みいただければ、組織づくりの参考になると思います（その後、正確なプロファイルを取り、研修を受講することをおすすめします）。

本書が、中小企業のコミュニケーション不全を解消するヒントになれば、著者としてこれ以上の喜びはありません。

最後になりましたが、情報をご提供くださった経営サポートパートナー会員のみなさん、賀川正宣《かがわまさのり》CEOをはじめとする、株式会社EGIJのみなさん、出版の機会を与えてくださった株式会社あさ出版の田賀井弘毅さん、執筆のお手伝いをしてくださったクロロスの藤吉豊さんに、心より御礼申し上げます。

株式会社武蔵野　代表取締役社長　小山昇

チームの生産性を最大化する エマジェネティックス®

目次

第1章

「エマジェネティックス®」で社員の特性を知る

第2章

コミュニケーションを円滑にして、人間関係のストレスをなくす

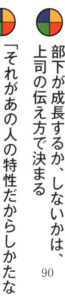

第3章

社員の特性を活かした「強い組織」をつくる

第4章

新卒採用に活用して、ほしい人材を逃さない

第5章

【活用事例】EGで、会社が、チームがこう変わった！

第5章

【活用事例】
EGで、会社が、チームがこう変わった！

編集協力／藤吉 豊（クロロス）
本文デザイン・DTP／斎藤 充（クロロス）

❗以下のチェックは、自身のプロファイルがわからない方が本書を読み進めていくうえでの目安でしかありません。この結果で、自身のプロファイルを判断することは不正確であり、危険です。正確な分析をするには必ずエマジェネティックス®の研修を受講し、公式サイトでプロファイルを作成してください。

下記の「左寄り」「右寄り」のうち「自分を表現している」と思ったところにチェックを入れてください。より多くチェックが入ったほうが、あなたが持つ可能性が高い「行動特性」です。
「左寄り」と「右寄り」がほぼ同数の場合は「真ん中」のタイプです。

自己表現性

左寄り

- □ もの静か
- □ 控えめ
- □ 少人数を好む
- □ 1人が好き
- □ 冷静
- □ 人の注目を避ける
- □ 内向的
- □ 感情を表に出さない

右寄り

- □ 注目を浴びるのが好き
- □ 人見知りしない
- □ 大勢でいるのが好き
- □ 活発
- □ 身振り手振りが大きい
- □ おしゃべり
- □ 外向的
- □ 感情表現が豊か

自己主張性

左寄り

- □ 周囲の決定に従う
- □ 平和主義者
- □ 対立を避ける
- □ 慎重
- □ 勝つことがすべてではない
- □ 相手を受け入れる
- □ 人当たりがいい

右寄り

- □ 自分の意見を通したい
- □ 行動力がある
- □ 競争心が強い
- □ せっかち
- □ 人との意見の衝突もいとわない
- □ パワフル
- □ 押しが強い

柔軟性

左寄り

- □ かたくな
- □ 変化を好まない
- □ 一度決めたことに忠実
- □ 選択肢が少ない
- □ 焦点が定まっている
- □ 物事が決められていることを好む

右寄り

- □ 協調的
- □ 温和
- □ のんき
- □ 人当たりが柔らかい
- □ 選択肢が多い
- □ 曖昧な状況を好む
- □ 変化をいとわない

各特性の特徴

下記の中から「自分を表現している」と思った言葉にチェックを入れてください。

チェックはいくつ入れてもかまいません。一番多くチェックが入ったところが、あなたがよく使う可能性が高い「思考特性」です。
※「思考特性」はひとつとは限りません。

分析型

- □ 筋道を通す
- □ 理性的に考える
- □ 知的に考えるのを好む
- □ 客観的に物事をみる
- □ 理論的な考え方をする
- □ 懐疑的
- □ 批判的
- □ 研究熱心
- □ 矛盾は追及したい

コンセプト型

- □ 創意工夫に富む
- □ 独創的
- □ 革新的
- □ 想像力が豊か
- □ 直感でアイデアを判断する
- □ 幅広い視野を持つ
- □ 人と違うことを好む
- □ 変化を好む
- □ 飽きっぽい

構造型

- □ 細部にこだわる
- □ 規律を守る
- □ 秩序を重んじる
- □ ルールを守る
- □ 手順を重視する
- □ 現実的
- □ 整頓が得意
- □ 伝統重視
- □ 行動の予測がつきやすい

社交型

- □ 人間関係を重視する
- □ 人の気持ちがすぐわかる
- □ 愛想がいい
- □ 情が深い
- □ 思いやりがある
- □ 感情移入しやすい
- □ 感情的
- □ サポート役に回る
- □ 直感で人を判断する

本書を読み進めるにあたって

株式会社ＥＧＩＪ代表取締役　賀川正宣

エマジェネティックス®は、人の脳の使い方を分析、プロファイリングするものです。

ＥＧのプロファイルは、３つの行動特性と、４つの思考特性で脳の使い方を表現します。どんな人もすべての脳の特性を持っていますが、**人によって自ら意識せずとも普段から使う脳と、意識しなければあまり使わない脳があり、それを「特性」として表現しています。**

意識せずとも使う脳の特性は、他人から見ても顕著にその特性が見えることから**「顕性《けんせい》」**と呼び、意識しないと普段は使うことのない特性は、たしかに有している特性でありながら普段は潜っている状態で表に出てこないことから**「潜性《せんせい》」**と呼びます。

２０１７年10月以前は「顕性」のことは「優性」、「潜性」のことは「劣性」と呼ばれていました。この「優性」「劣性」という言葉は、遺伝学会で採用されていた「dominant」 「recessive」の訳語をEGでも採用したものです。

長年、遺伝学会では、この用語が使われてきましたが、「優性」「劣性」という漢字を見ると、遺伝子の優劣を表現しているように誤解をされることが多く、「優劣を想起させる言葉の利用は避けるべきである」という意見が大勢を占めるようになり、2017年9月に、「優性」「劣性」という言葉の使用を中止し、「顕性」「潜性」という言葉を採用、統一することが決まりました。

遺伝学会における指摘と同様に、日本のEGアソシエイト（講師）からも、「特性は『優秀か否か』を表現していないはずなのに優劣に聞こえる」という指摘がありました。

そこで「優性」「劣性」と表現するよりも「顕性」「潜性」と表現したほうが、より正しくEGの概念をあらわすことができると、エマジェネティックスインターナショナルジャパンで判断し、遺伝学会の方針変更に伴い、2017年10月以降は、EGにおいても「顕性」「潜性」を採用しています。

「顕性」「潜性」という言葉は一般的にはなじみのない言葉ですが、EGについて正しくご理解いただくためには、誤解を招く恐れがある「優性」「劣性」という従来の訳語を使わず、より正しく意味を表現していると思われる「顕性」「潜性」という言葉を用いたほうがよいと判断いたしました。

もう一点、本書ではさまざまな会社の事例をプロファイルとともに紹介していますが、プロファイルは、公開に同意が必要な個人情報です（本書に掲載しているプロファイルは、すべて本人の同意を得ています）。取り扱いにはくれぐれもご注意ください。

なお、小山社長をはじめ、本書に登場するすべての経営者は、自らが所属する組織内ならびに個人に対するプロファイルの作成、所属企業内での企業内研修の提供ができる「認定アソシエイト」の資格を取得しています。資格を有しているからこその活用事例であり、「わかったつもり」になって、活用するのは大変危険です。エマジェネティックス®公式サイトでプロファイルの診断を受けないかぎり、正確な思考特性・行動特性がわからないことをあわせて、ご確認ください。

これらの主旨をご理解いただき、本書を読み進めていただきますと幸いです。

第1章

「エマジェネティックス®」で社員の特性を知る

「3つの行動特性」と「4つの思考特性」でその人の「傾向」を分析する

どのような考え方をして、どのような行動を取るかを理解する

「エマジェネティックス®」とは、「エマージュ」(emerge／明らかになる、表れる)と、「ジェネティックス」(genetic／遺伝子)という言葉を組み合わせた造語です。

EGは、アメリカのゲイル・ブラウニング博士とウェンデル・ウィリアムズ博士が、20年以上の歳月と70万人以上におよぶプロファイリングデータをもとに開発した「行動」と「思考」の分析ツールです。

診断テスト(100項目からなる質問の回答)の結果から、その人の特性を「3つの行

動特性」と「4つの思考特性」で分析します。EGのプロファイルを見ると、

- その人がどのような考え方をする傾向があるか
- その人がどのような行動を取ることが多いのか
- どのような学習方法を好むのか
- 新しい状況に対して、どのようにアプローチする可能性が高いのか
- 人からどう見られ、人にどう反応することが多いのか
- 何を得意とし、何を不得意としているのか

などが明らかになります。

「好き、嫌い」「得意、不得意」が一目瞭然になる

人の行動（行動特性）は目で確認できますが、人が「何を、どう考えているのか」を目で見ることはできません。

人の心は読めないですし、言葉と態度（行動）が一致しないこともあります。ですが、プロファイルの**思考特性**を見ると、その人の「得意、不得意」「好き、嫌い」などの傾向がわかります。

【4つの思考特性】

EGでは、4つの思考特性をそれぞれ「色」であらわします。

①分析型……「青」
②構造型……「緑」
③社交型……「赤」
④コンセプト型……「黄」

分析型……論理的、合理的、客観的に物事を考える

【特徴】

- 分析によって理解を深める

・物事の仕掛けやしくみを見出すのが好き
・専門家の研究結果やデータを信頼する
・矛盾や納得できないことはとことん追及したい
・メリット、デメリットをしっかり見分ける
【事例】
・会議では「その根拠は?」「どこに原因があるの?」「目的は?」「最終的にはどんな形にするの?」などの発言が多い
・脳トレやパズルが得意で、課題を与えられると集中して答えを出す
・損益分岐点や利益率など、数字に貢献するデータを重視する
・セミナーやミーティングに出席するときは、事前に資料に目を通す

武蔵野のダスキン小金井支店長・杉嵜《すぎさき》俊史《としふみ》は、「青顕性(分析型)」で、数字を用いて論理的に分析するのが得意です。

武蔵野は、月に1度、上司と部下が実行計画書と評価シートを使って面談を行います。杉嵜は、上司の小嶺淳《こみねあつし》(クリーンサービス事業本部本部長)との面談時に、具体的な「数字」

を示しながら、次のようにアドバイスを求めました。

「今、私が担当している支店の数字はこうで、他の支店の数字はこうです。日下部綾馬《くさかべりょうま》の数字はこうで、五十嵐《いがらし》匠《たくみ》の数字はこうで、針山晃希《はりやまこうき》の数字はこうです。

このままいけば、私の数字はこうなります。日下部、五十嵐、針山との相対評価では、私はこれくらいの順位になると予測しているのですが、さらに上に行くためには、何をどのようにしていけばいいですか？」

青脳は、論理的に物事を考えることを得意としています。数字に強く、感情よりも事実や根拠にもとづき物事を判断します。**青**顕性の杉嵜は次の評価でAを取り、3グループに昇級した。

構造型……過去の体験を重視し、順序立てて考える

【特徴】

- ガイドライン、予定、手順、ルール、計画案にしたがって動くことを好む
- 計画通りに、確実に実行する
- 締め切り、納期、時間を守る
- 几帳面で、秩序正しく、物事の整頓が得意
- 新しいことや未経験なことは苦手で、過去の実績にもとづいて行動することを好む

【事例】

- 途中を省略することなく、AからはじまったらZまですべて最後までやる
- 会議では「具体的に言うと……」「過去の実績は?」「どうやってやるのですか?」「いつまでに?」などの発言が多い
- 「きっちりした人」「常識人」というイメージを持たれる
- 旅行をするときは、計画的に準備をする

武蔵野は、新卒採用にもEGを活用しています（第4章で詳述）。

2018年度内定者の木《き》根《ね》奈《な》緒《お》美《み》さんは、採用段階ですでに「この人は、経営サポート事業部の事務職として適任である」ことがわかっていました。エナジャイザーのデータを

見ると、複雑な仕事のミスが少ないことが確認できていましたし、彼女の思考特性が「緑（構造型）シングル（1色顕性）」だからです（エナジャイザーについては『改訂3版 仕事ができる人の心得』CCCメディアハウスを参照してください）。

彼女のプロファイルを見ると、「非常に堅実で、計画通りに物事を進めたり、細かな作業をするのが得意」だとわかった。

経営サポート事業部では高額商品（セミナーや研修プログラム）を扱うため、請求ミスや発注ミスがあったら困ります。しかし、秩序立った思考を得意とする木根さんなら、ケアレスミスを起こすことは非常に少ないでしょう。

社交型……誰に相談、依頼すれば問題解決できるか直感的に判断する

【特徴】

- 他の人をサポートするのが好き
- わからないことは、誰に聞けばよいか頭に顔が浮かぶ
- 相手との関係性を重視する

- グループワークを好む
- 人に関する直感力がある

【事例】

- 自分が好きな人からレストランを勧められると、「おいしいに違いない」と信頼する、
- まわりの人が「自分をどのように評価しているか」が気になる
- 人が持っているものや、他人の考えに共感しやすい
- 会議では「みんなはどう思う?」「お客様の気持ちを考えると……」「○○さんが言っているから」「みんなで協力して……」などの発言が多い

ダスキンケア事業部・メリーメイド部長、尾崎未佳《おざきみか》は、「赤顕性（社交型）」であり、人と人との関係性を重視します（メリーメイド……家事代行サービス）。人の気持ちを察することも得意です。

メリーメイドは女性組織で、その多くが主婦（パート）です。尾崎は、上司と部下、社員とパートという関係ではなく、「もうひとつの家族のような存在」として支店をまとめ上げ、2016年ダスキンサービスマスターアワード「全国第1位」を達成しました。

「パートさんはみなさん人生の先輩で、年齢的にも、娘のようにかわいがってもらっています。母と娘みたいな感じですね」（尾崎未佳）

コンセプト型……直感で思いつく。根拠なくゴールが頭に浮かぶ

【特徴】
- 非日常を好む
- 新しいことや、変わっていることに挑戦するのが好き
- 言葉ではなく映像やイメージが頭に浮かぶ
- さまざまなことに関心、興味、注意が向き、その対象は次々と変化する
- 直感で物事を判断する

【事例】
- 「新しいアイデアはない？」と聞かれると、さまざまなアイデアを思いつく
- 会議では「とりあえずやってみよう」「適当にやっておいて」「こんな感じで」「じゃあ、そういうことで」「細かいことはいいから」などの発言が多い

- 細々したことに退屈することが多く、マニュアルを読んだり、2時間の座学が続くセミナーは苦痛に感じる
- 話が途中から脱線してもあまり気にならない

平《ひら》岡《おか》佑《ゆ》理《り》（経営サポート事業本部）は、「黄色顕性（コンセプト型）」なので、今までとは違う視点から物事を考えることが得意です。

私が平岡に業務マニュアルの策定《さくてい》、刷新《さっしん》を任せたのは、問題を解決するためのまったく新しい方法を探すことが得意だからです。

誰もが、4つの思考特性のすべてを持ち合わせている

思考特性は、「ひとり、ひとつ」ではありません。誰もが4つの思考特性をすべて持ち合わせています。ただし、普段、意識しない状態で、どの色をどれだけ使うかという割合は人それぞれです。

診断テストで「23％以上」の数値を占める思考特性は**「顕性である」**とよばれ、その色

の思考が顕著に表れます。

顕性の脳は、その人の得意としていることや脳の使い方の好みをあらわします。

人によっては、２つ以上の思考特性が「23％以上」になることもあります。「分析型と社交型が顕性な人（青・赤の２色顕性）」や、私のように「コンセプト型と分析型と社交型が顕性な人」（「黄・青・赤」の３色顕性：17ページのプロファイルを参照）、「４つの思考特性がすべて23％以上の人（４色顕性）」などもありうる、ということです。

仮に、「青が50％、赤が25％」だとすると、どちらの思考も顕性であるので、

「第１顕性……青（青脳）」

「第２顕性……赤（赤脳）」

と解釈します。

その人の行動の傾向は、3つの特性で説明できる

行動特性の強弱は「左寄り」「真ん中」「右寄り」でわかる

EGでは、**行動特性**を次の「3つ」に分類しています。

- 自己表現性……自分の感情を「他人に発信したい」というエネルギーの強さ
- 自己主張性……自分の考えや意見を「他人に受け入れてほしい」と感じる頻度《ひんど》と、エネルギーの強さ
- 柔軟性…………自分と異なる考えや状況、行動を受け入れようとするエネルギーの強さ

それぞれの行動特性のエネルギーは「棒グラフ」によって示され、「左寄り」「真ん中」「右寄り」の3つに分かれています。

自己表現性の傾向

【左寄り】

- 会議や打ち合わせでは、「聞き役」のことが多い
- 感情をあまり表に出さない。表情やジェスチャーは控えめ
- 言葉を慎重に選ぶ
- 人の注目を浴びることを好まない
- 少人数のほうが居心地が良く感じる

【右寄り】

- 会議や打ち合わせでは、「話し手」のことが多い
- 声、身振り、手振りが大きい
- 人に働きかけながら物事に取り組む

- 人前に出ることに抵抗がない
- 大人数でいるとパワーが出る

【真ん中】

- 場合により、左寄りにも、右寄りにもなる

武蔵野は無料セミナーを行って、見込み客の集客を行っています。講師役は武蔵野の社員ですが、自己表現性「右寄り」の社員は、「左寄り」よりもストレスなくセミナー講師を務めることができます。

「人前に出ること」「多くの人に話しかけること」「注目を浴びること」にそれほどエネルギーを要しないからです。

見込み客が集まったところで、個別にお客様のご要望をおうかがいします。このときは、聞き上手であるほうが、話し上手より有利です。自己表現性「左寄り」は自分のことを話すより、人の話を聞くことを好みますので、お客様のご要望を聞き出すのが得意です。

自己主張性の傾向

【左寄り】

- 自分の意見よりも集団の和を大切にする
- 忍耐強い
- 慎重に物事を進める
- 締め切りまで一貫したペースで仕事に取り組む
- 「次のステップに進もう」と決心するのに時間がかかる

【右寄り】

- 目標は「最短」で達成したい
- 締め切りが近くなるとエネルギーが増す
- 自分と異なる意見が出ても、気持ちよく議論ができる
- 競争心が強い
- 物事を進める推進力がある

【真ん中】

・場合により、左寄りにも、右寄りにもなる

私が社員に「良いことを強制する」のは、自己主張性が「右寄り」だからです。自己主張性「右寄り」は「自分が良いと思ったことは、みんなも良いと思うに違いない」と思っています。みんなに良くなってもらいたいから、良いことを強制する。

柔軟性の傾向

【左寄り】

・決まっていることはできるだけ変えたくない（変えることでメリットがあると納得すれば、たとえ自分の好みではなくても変えることができる）
・首尾一貫していて、ブレない
・強固な意見を持っている（頑固に見られることがある）
・決められた通りに物事が進んでいくことに快適さを覚える
・根気強く見える

・物事が決まってからのほうがエネルギーがわいてくる

【右寄り】

・多くの選択肢があったり、曖昧な状況で仕事をすることが楽しい
・締め切り間際まで、より良い選択肢を求める
・他人の意見を受け入れる
・変化に応じて対応したい
・人当たりが良く見える
・物事が決まる前はエネルギッシュだが、決まるとエネルギーが減る

【真ん中】

・場合により、左寄りにも、右寄りにもなる

品田洋介《しなだようすけ》課長（経営サポート営業部）は、柔軟性が「左寄り」（自己表現性も自己主張性も「左寄り」）。思考特性は緑顕性）で、基本的には、変化を好みません。

柔軟性が「左寄り」の人は、一見すると頑固に見えますが、自分が納得をすれば臨機応変に対応します。

そこで私は、経営サポートパートナー会員の高尾昇《たかおのぼる》社長（**アドレス株式会社**／不動産）と小田島直樹《おだしまなおき》社長（**株式会社小田島組**／土木工事）に頼んで、品田との「賭け」をお願いしました。

「品田がA評価を取ったら、高尾社長と小田島社長の2人で品田を高級レストランに招待する。取れなければ、品田が高尾社長と小田島社長を高級レストランに招待する」

「賭けに勝つ（賭けに負けたくない）」この目的意識が品田を変えました。品田は、「緑顕性で、柔軟性は左寄り」で、一度納得すれば、その目的のために律儀に、愚直に、根気強く仕事を進めます。結果的に品田はA評価を取り、賭けに勝った。

思考特性の特徴と事例

分析型

特徴

- 物事を明確にしたい
- 論理的な問題解決
- 根拠を求める
- データや数字を重要視する
- 理性的
- 分析により理解を深める
- 物事の仕掛けや仕組みを見出すのが好き
- 専門家の研究結果やデータを信頼する
- 矛盾や納得できないことはとことん追及したい
- メリット・デメリットをしっかり見分ける

事例

- 会議では「その根拠は？」「目的は？」「最終的にはどんな形にするの？」などの発言が多い
- 脳トレやパズルが得意で、課題を与えられると集中して答えを見出す
- 損益分岐点や利益率など数字に貢献するデータを重視する

コンセプト型

特徴

- 想像力豊か
- アイデアに対して直感的
- ビジョンがある
- 他と違うことを好む
- いろいろと試して学ぶ
- 非日常を好む
- 直感で物事を解決する
- 新しいことに挑戦するのが好き
- 映像が頭に浮かぶ
- さまざまなことに関心や注意が向く

事例

- 新しいアイデアない？ と聞かれるといろいろなアイデアが出てくる
- 指示は「適当に」「こんな感じで」と抽象的な表現が多い
- 時間やお金の感覚にはあまりシビアではない
- 新しいことには貪欲に興味を示す

抽象型

直列収束型

並列拡散型

具象型

構造型

特徴

- 現実的な思考
- ガイドラインを好む
- 新しいアイデアには慎重
- 予測できることを好む
- 実践より学ぶ
- 方向性が定まっていることを好む
- マニュアルやガイドラインを求める
- 計画を立てて確実に実行する

事例

- 時間を守る、納期を守る、ルールを守る
- 「きっちりとした人」「常識人」というイメージを持たれる
- 旅行や先の予定には、余裕を持って計画的かつ入念に準備する
- コツコツ積み上げる
- 物事がきっちりと定められていることが重要である

社交型

特徴

- 他の人から学ぶ
- 感情的
- 同情的
- 社会への関心が強い
- 人に対する直感力がある
- 他の人をサポートするのが好き
- 感情的・同情的である
- グループワークを好む
- わからないことはまず人に聞く
- 相手との関係性を重視する

事例

- 人から勧められるものを信頼する（あの人が勧めていたので、おいしいレストランに違いない）
- 人からの評価や自分に対する気持ちが気になる
- 人が持っているものについ共感してしまう
- 相手のために一生懸命になれる

※直列収束型＝関連づける・まとめるタイプ。並列拡散型＝広がっていく・飛び出すタイプ。
抽象型＝鳥の目（全体がよく見える）タイプ。具象型＝虫の目（足元がよく見える）タイプ。

行動特性の特徴

自己表現性

感情を他人や世界に対して発信したいエネルギーの強さ

左寄り　真ん中　右寄り

物静か　思慮深い　控え目　よく話す　非常に多弁

- 人の話にじっくり耳を傾ける
- 感情をあまり表に出さない
- 言葉を慎重に選ぶ
- 人の注目を浴びることを好まない
- 少人数のほうが居心地がいい

- 声、身振り、手振りが大きい
- 物事を熱心に伝える
- 人に働きかけながら物事に取り組む
- 人前に出ることに抵抗がない
- 大人数でいるとパワーが出てくる

自己主張性

自分の考えや意見を他人に受け入れてほしいと感じる頻度およびエネルギーの強さ

左寄り　真ん中　右寄り

争わない　あくせくしない　対抗意識がある　力強い　自分の意見を強く通す

- 自分の意見よりも集団の和
- 受け身、忍耐強い
- 目標達成に静かに満足を得る
- 慎重に物事を進める
- 勝つことがすべてではない

- しっかりと主張する
- 速いテンポで仕事を進める
- 目標は最短で達成することを望む
- 物事を進める推進力がある
- 競争心が強い

柔軟性

異なる考えや状況、行動を受け入れるエネルギー

左寄り　真ん中　右寄り

現状維持を強く望む　流されない　場合に応じて調節する　変化に抵抗はない　変化を歓迎する

- 決まったことは変えずにいきたい
- 強固な意見を持っている
- 首尾一貫している
- ぶれずに意思決定する
- 根気強いほうだ

- 変化に応じて対応ができる
- 他人の意見を受け入れる
- 曖昧な状況でも気にならない
- 複数の選択肢から選ぶのが好き
- 人当たりがよい

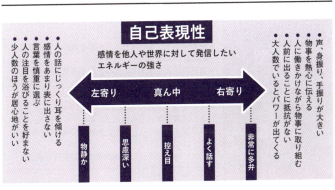

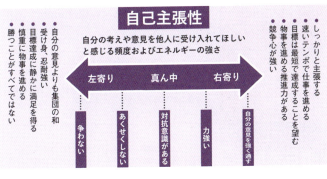

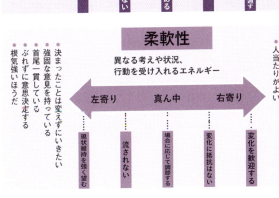

時間管理や仕事の進め方に表れる思考と行動の傾向

分析型	● 散らかった環境だと熱意を失う。 ● 締め切りギリギリになって何かを指示されることは好まない。 ● 事前の予告を求める。保存するか廃棄するかの必要性は判断したい。
構造型	● その仕事のための時間はあらかじめ確保しておき、その時間になったら始める。あらかじめ決めた通りの手順できっちりと行うことが信頼性が高いと考える。 ● 過去に行ったことのある方法や時間配分を好む。
社交型	● 他のことに気をとられやすい。 ● フレキシブル(柔軟)でいられることを好む。 ● 整理するときは物をしまっておく傾向がある。
コンセプト型	● 全体像を描き終えると熱意を失う傾向がある。 ● 締め切り間際のギリギリの案件に興味をそそられる。 ● 独自のやり方で進めることを好む。
自己表現性	● 周囲の人間と関わることで動機づけされる度合い。 ● 周囲の人間との関わりを持たないことで動機づけされる度合い。
自己主張性	● すべてを費やしてでも課題の完遂に取り組もうとする度合い。 ● 粛々と自分のペースで課題の完遂に取り組もうとする度合い。
柔軟性	● すでに複数の課題に取り組んでいるのに次の課題をも与えられるようなときに、その状況の受け入れやすさの度合い。 ● 予期しない邪魔やトラブルが発生した際にそれを鬱陶しく感じる度合い。

経営にEGを活用するための「4つ」のポイント

EGで測れるのは「特性」であり「能力」ではない

現在、武蔵野は、EGのプロファイルを部下の指導、人材育成、新卒採用、業務分担の見直し、適材適所の実現などに活用しています。

「強い組織」をつくるために、私は次の「4つ」に留意《りゅうい》してEGを利用しています。

【EGを運用する上での4つのポイント】

①EGは、その人の「特性」を知るものであり、「能力」を測定するものではない

②プロファイルは、社員の「優劣」を決めるものではない

③社員全員（パート含む）のプロファイルを取る

④プロファイルを取るだけでなく、必ず「セミナー」に参加させる

①EGは、その人の「特性」を知るものであり「能力」を測定するものではない

EGのプロファイルを見ると、その人の思考特性が4つに、行動特性が3つに分類されているため、自分や他人のパーソナリティを明らかにすることが可能です。

ですが、EGで、分析できないものがある。

それは、「能力」です。

EGは、その人の好みや傾向を分析するツールであって、能力を測るものではありません。そこで、わが社では、社員の能力を測定するために、「エナジャイザー」（公益財団法人日本生産性本部が提供する人と組織の適正判断）というツールを併用しています。

モノの長さを計《はか》るのは「ものさし」で、重さを量《はか》るのは「秤《はかり》」です。ものさしで重さを量ることはできません。

「何をはかるか」によって道具が変わるように、「たったひとつのツールで、人間のすべてを推し量ることはできない」のが私の持論です。

私がＩＴツール（モバイル端末）を「５台」使っているのも（ザウルス、iPhone、iPad、ガラケー２台の５台体制）、どのツールを使うかによって作業性が変わるからです。ザウルスはすでにサポートが終了していますが、「スケジュールの空きを視覚的に確認できる機能」が便利で、現在も活用しています。

「メールをしながら、スケジュールを確認する」といった並列での仕事も可能です。

ＥＧのプロファイルを見れば、「緑顕性で柔軟性が左寄りだから、ルーティンワークが得意である」といった、その人の傾向がわかります。

ですが、どれくらいの精度、確度、スピードでルーティンワークを処理する能力があるかを分析することはできません。

一方でエナジャイザーなら、能力を測定することができます。しかし、エナジャイザーのフィードバックレポート（診断結果）を見ても、「どうすれば、さらに上手にルーティンを回せるようになるのか」といった解決法や指導法を読み解くことは困難です。個を活かした指導をするには、ＥＧのほうが適しています。

・エマジェネティックス®（EG）
……個人の思考特性と行動特性がわかる
・エナジャイザー
……情報処理特性がわかる。仕事の速さ、正確さ、安定性などの能力が把握できる

②プロファイルは、社員の「優劣」を決めるものではない

行動特性は、「左寄り」「真ん中」「右寄り」の3つに分かれていますが、「左寄り＝能力が低い」ということでも、「右寄り＝能力が高い」ということでもありません。

自己主張性が「95」（右寄り）の人と「5」（左寄り）の人を比べた場合、一見すると「95のほうがすぐれている」と思いがちですが、そうではありません。

・「95」の人は、「5」の人よりも競争心が強く、速いテンポで仕事をする
・「5」の人は、「95」の人よりも忍耐強く、慎重に物事を進める

という行動の傾向を示す数値であり、「どちらが正しくて、どちらが間違っている」「ど

ちらがすぐれていて、どちらが劣っている」ことではありません。慎重に物事を進めるのも、推進力を持って速く仕事を進めるのも、どちらもその人の「長所」です。

行動特性が「左寄り」の人は、自己主張や自己表現に対して慎重で、積極的に発言することはありません。

ですが、**発言をしないからといって、「自分の考えを持っていない」わけではありません。**

自己主張性が「左寄り」の部下は、自分の意見を言うのに「許可」を求める傾向にあるので、「発言するのを待つ」のではなく、上司から「部下がどう思っているのか」を「聞き出す」ことが大切です。

私は、**「株式会社EGIJ」**の研修プログラムに参加し、認定アソシエイトの資格を、世界最高年齢69歳で取得しています（認定アソシエイトは、所属企業内での研修の提供、5名までのグループに対するカウンセリングを行うことができます）。

私も、研修プログラムに参加する前は、「行動特性が右寄りだと優秀で、左寄りだと劣っている」と短絡的に考えていました。

私自身の行動特性は、自己表現性も、自己主張性も、柔軟性も、すべて「右寄り」ですから、自分と同じタイプ（右・右・右）は優秀に見えたものの、自分と真逆のタイプ（左・左・左）は成果が出にくいと思っていた。そして、「左寄り」の人を「右寄り」に変えようとして、私のやり方を押し付けていた。

ですが現在では、

- **その人の行動特性を大きく変える必要はない**
- **仕事の成果と、行動特性の数字に相関関係はない（95の人が5の人より結果を残せるわけではない）**
- **「左寄り」も、「真ん中」も、「右寄り」も、その人の長所である**

ことが体験的にわかり、社員の特性に合わせた指導を心がけています。

『ウサギとカメ』で言えば「左寄り」の人は「カメ」にたとえることができます。

カメは、歩みが遅くとも、脇道にそれず、着実に真っ直ぐ進むので、最終的には大きな成果を得ることができます。「左寄り」の人は現実的で実行力があるため、確実に結果を残すことがある。

櫻田和久《さくらだかずひさ》課長（ホームインステッド）の自己主張性は「左寄り」で、速いテンポで仕事を進めるタイプではありません。仕事の現場を変える突破力も、それほどない。ですが、柔軟性「左寄り」でカメのように根気強く物事を進めるので、組織に安定をもたらします。その結果として、53期上期（2016年）にS評価を獲得した（S評価は上位5％）。

③社員全員（パート含む）のプロファイルを取る

武蔵野は、社員だけでなく、パート・アルバイト・内定者にもEGを受診させ、研修も受講させています。そして、全員のプロファイルを支店内に貼り出しています。

プロファイルを貼り出すようになってから、支店内のミスコミュニケーションが少なくなりました。なぜなら、相手を理解し、思いやることができるからです。

緑脳にとっては、「規則に最後まで従う」ことに心地良さを覚える一方で、黄色脳は、規則に従うことに窮屈《きゅうくつ》さを覚えるなど、自分の「普通」だと思っていることが、他人には普通ではないことがある。この違いを理解した上でコミュニケーションを取れば、お互いの「違い」を受け入れることができます。

「あの人は**青**顕性（分析型）だから、数字を使って伝えたほうが理解してもらえる」
「あの人は**緑**顕性（構造型）だから、仕事の範囲を具体的に示してあげたほうがいい」

といったように、相手に合わせた方法で伝えることが可能です。

「株式会社EGIJ」の代表取締役、賀川《かがわ》正宣《まさのり》CEOは、「全員でEGを学んでいれば、朝礼などの時間を使って、プロファイルについての理解（メンバーに対する理解）を深めることができる」と説明しています。

「EGを導入するだけなら簡単ですが、『道具として使いこなす』には、プロファイルにもとづくコミュニケーションを日常的に実践していくことが大切です。そのための方法として、**朝礼の活用**があります。

社員全員のプロファイルを取り、共有する

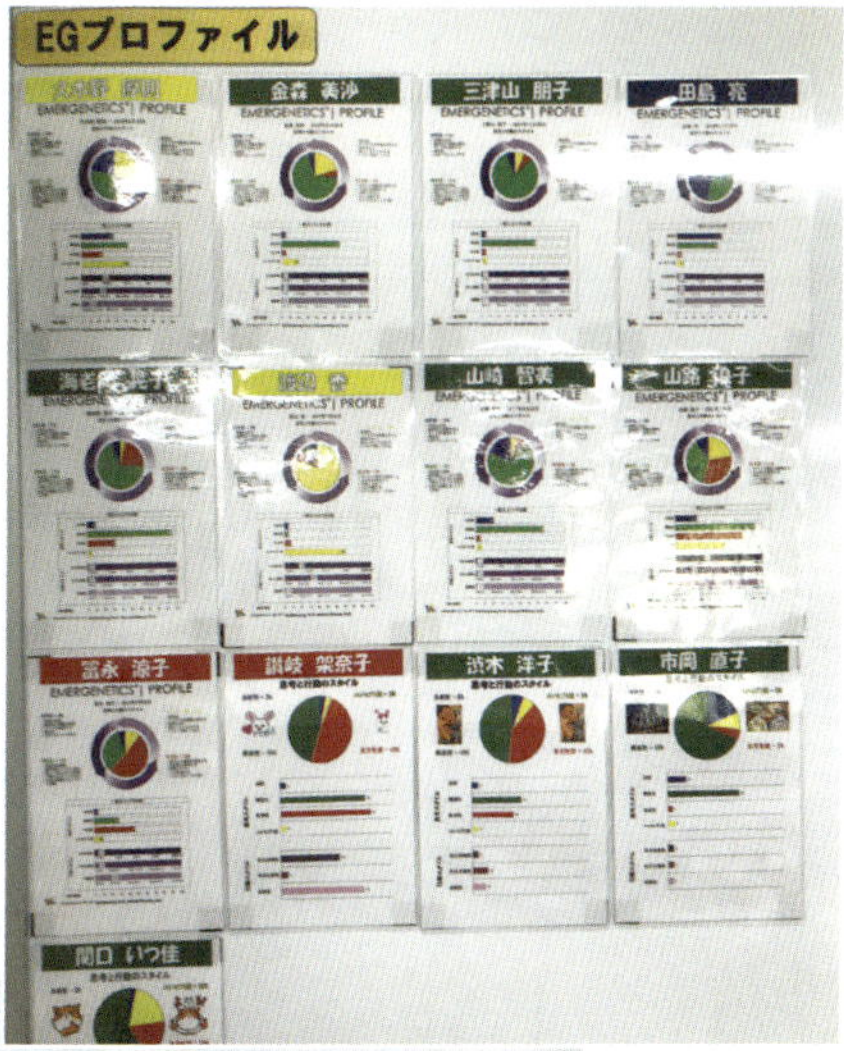

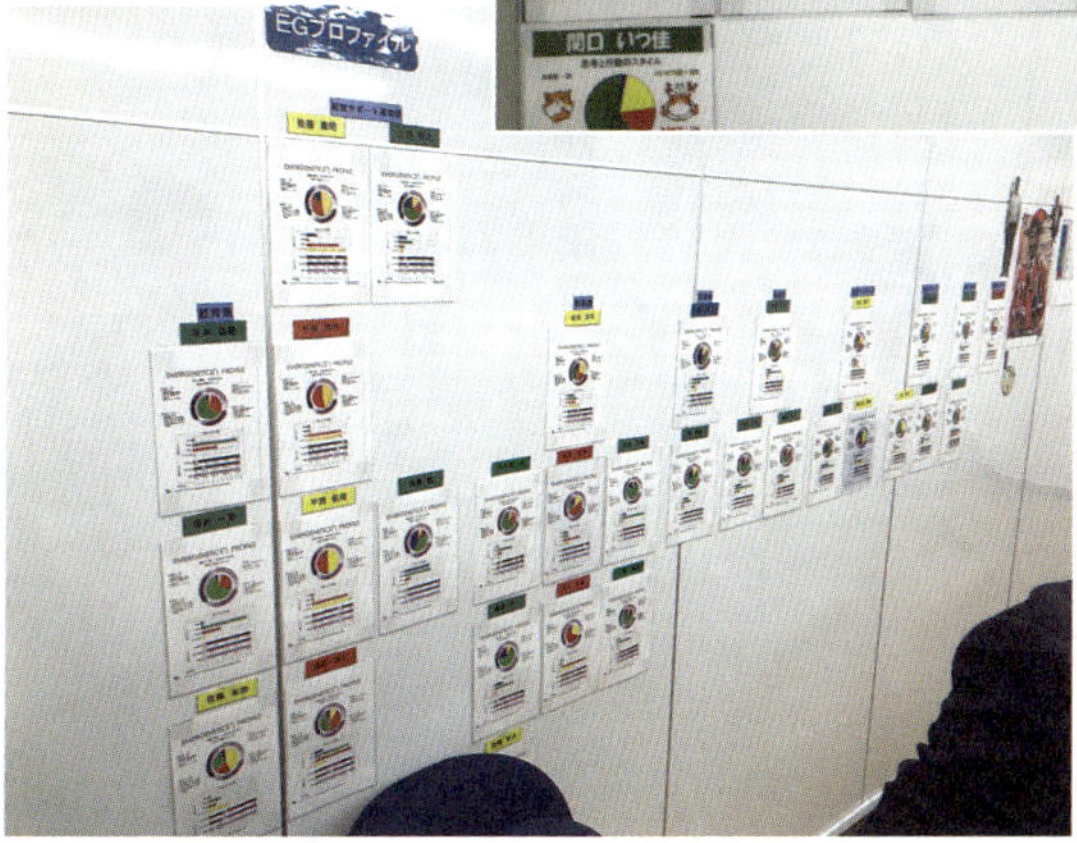

自分の「普通」が相手には「普通」でないことが目で見てわかるから（第一顕性の色で名前を表示している）、違いを受け入れやすくなる。職場の雰囲気が明るくなる。

1日ひとつテーマを決めて、そのテーマについてメンバーが意見を書き出してみる。たとえば『宝くじに当たったらどうしますか?』このテーマに対して、チームで意見を交わしてみます。そうすると、『緑顕性の人たちは貯金という答えが多い』とか、『黄色脳の人は、パーッと遊んで使い切ることが多い』といった傾向が見えてきます。

同じテーマに対して、自分とはまったく違う考えを口にする人もいます。なぜなら、思考の顕性が異なるからです。

そして、『ああ、そうか。やっぱり青顕性だからそういう意見になるんだよね』『あなたの緑脳がそうさせているんだね』『黄色顕性の人はそう考えるんだ』といったことがわかると、『色で考える習慣』が身につくようになります」(賀川正宣CEO)

武蔵野は、全社員を対象にEGを導入していますが、一度に全社員のプロファイルを取ることはせずに、部長、課長、一般社員、パート・アルバイトという順番で、段階的に導入しています。

EGをはじめ、新しいしくみを導入するときは**「職責上位から導入する」**のが基本です。職責上位(ベテラン社員)から導入する理由は、おもに「2つ」あります。

（1）「ゆっくり速く」定着するから

たとえばITツールを試験的に導入する場合、多くの社長はITスキルが高い社員（＝若手社員）に試用《しよう》させますが、私の場合は、ITスキルが低い社員（＝幹部社員）に試用させます。

なぜなら、習熟に時間がかかる人に先に教えて、次にその人を先生にして教えさせると、生徒にはプライドがあり、「3分の1以下の時間」で覚える。

ダスキンには、お店のロゴなどが入った「オーダーメイドマット」という商品があります。デジタルカメラが登場した当初、「お店（お客様の会社や店舗）のロゴを撮影して、マットと合成してお見せすれば、完成品をイメージしてもらいやすいのではないか」と考えました。

そこで、画像合成のやり方を最初に覚えさせたのが、山路浪子《やまじなみこ》です。山路は当時、60歳近いベテランパートで、ITとはもっとも遠い存在でした。

画像合成ができるようになったら、今度は、山路を先生役に指名しました。すると若手は、「あの山路さんでもできたのだから、自分も覚えないと、かっこ悪い」と思うので、習得が早くなった。

ＩＴスキルに乏しいベテラン社員は、習熟するのに時間がかかります。ですが、このベテランが「先生」になれば、他の社員も触発されるため、結果的に社内に普及するスピードがアップします。

（2）一般社員は、文化として根付かせる力がない

若手社員はベテラン社員よりも総じてＩＴスキルが高く、新しいシステムをすぐに使いこなすことができます。

ですが、若手社員には、そのシステムを社内に根付かせる求心力がないため、「やせ馬の先走り」で終わってしまいます（やせ馬の先走り：やせた馬は体重が軽いので出だしはよいが、体力がないのですぐバテやすい）。

私が新しいシステムを導入しようとすると、武蔵野の社員は、ひとりの例外なく、「面倒だ」「やりたくない」と不満を口にします。

そんなとき、社長に代わって「なぜ、それをやる必要があるのか」を一般社員に説明するのは、幹部社員です。幹部社員が自らそのシステムや研修プログラムを体験し、納得し

て部下にやらせるから、文化として定着する。

システム導入数カ月後、元のアナログに戻そうかと社員に言うと、このままで良いと言う。人間は一度便利になると元に戻れない。

④プロファイルを取るだけでなく、必ず「セミナー」に参加させる

プロファイルを取っても、被験者（プロファイルを取った人）がEGについて正しく理解していないと、「その人の強みを活かす」ことも、「組織のコミュニケーションを活性化させる」こともできません。

そこでわが社では、プロファイルを取った全社員（パート・アルバイト含む）を**「株式会社EGIJ」**が開催している「エマジェネティックス®活用セミナー」に参加させています。

「株式会社ＥＧＩＪ」のマスターアソシエイト、岡本《おかもと》興一《こういち》さんは、「研修を受けないでプロファイルだけを貼り出すと、事故を引き起こしやすい」と危惧《きぐ》しています。

「とくに黄色顕性で自己主張性『右寄り』の社長に多いのですが、『新しいもの』を早く取り入れたいと考え、『EGをすぐ導入したいので、とりあえずプロファイルだけでも先に取らせてほしい』といった依頼をいただくことがあります。

ですが、『プロファイルを取るだけでは、かえって事故になるから、やめましょう』とお断りしています。

研修を受けていない社員さんが、自分のプロファイルを見た結果、『私は緑が潜性だから実務ができないんだ』『行動特性がすべて左寄りだから売上が上がらないんだ』と**その人の『特性』を『欠点』として解釈したり、社長が『この色が足りない』といった理由で社員を降格させようとした例がある**からです。

各色の特性を知り、『どうすれば自分の強みを活かすことができるのか』『どうすれば相互理解を深めることができるのか』を理解した上で導入しないと、EGを組織づくりに役立てることはできないと思います」（岡本興一さん）

第2章

コミュニケーションを円滑にして、人間関係のストレスをなくす

プロファイルを活用して、相手に合わせた伝え方をする

思考特性や行動特性に合わせて、伝え方を変える

ＥＧのプロファイルを使うと、部下の特性を活かした指導が可能になります。

雨《あめ》倉《くら》浩《ひろ》彦《ひこ》（経営サポート事業本部・コンサルティング事業部環境整備グループ）は「赤・黄」の２色顕性で、青は潜性です。

反対に、浅《あさ》野《の》高《たか》志《し》課長（経営サポート事業部・マーケティング企画部）は、「青顕性」です。

この２人に、「Ａ評価」を取らせるための指導法は違います。なぜなら、雨倉と浅野では、思考特性が違うからです。

雨倉は「赤顕性」のため、数字に苦手意識を持っています。理詰めで説明するよりも、社交型の特性を使って、感情的な要素を交えながら指導をしたほうがいい。

「どうやったら○○さんが喜ぶような業績が上がると思うか」「この決断は○○さんがどう思うか」と、必ず「人」に関わる形で本人の意見を聞きながら指導をしたほうが自尊心も満たされ、やる気を引き出すことができます。

「青顕性」の浅野には、客観的なデータを示したほうがいい。

「課長でA評価を取ると賞与がいくらになって、部長でA評価を取るといくらになるのか」を計算させる。すると、「賞与が2倍になる」ことが数字で明らかになるため、アクションが変わります。

「赤顕性」（青潜性）の上司が、「青顕性」の部下に対して「どのように指導をすればいいのか（どのような伝え方をすればいいのか）」わからないときは、**「青顕性」の同僚や後輩を「練習台」に**して、

「今度、青顕性の浅野と面談をするときに、こうこう、こう言うつもりだけど、どう思う？

青顕性の人に響くかな？」
「**青**顕性の人は、何と言われるとやる気が出るか、教えて」
と意見を求めてみる。一度、シミュレーション（練習）をしておけば、相手の特性に合わせた指導ができるようになります。

「株式会社小田島組」（土木工事）の小《お》田《だ》島《しま》直《なお》樹《き》社長も、社員の思考特性に合わせて伝え方を変えています。

「社員の思考特性に合わせて、ものの言い方を変えるように心がけています。また社員にも、色（思考特性）の違う者同士が話をするときは、『お互いにきちんと説明しないと誤解を招く』ということを伝えています。

ＥＧのプロファイルを共有すると、自分の特性を数字や色で説明してくれるため、コミュニケーションが取りやすくなると思います。こういった分析データは公開できないものが多いですが、**ＥＧは能力を測定していないので、みんなでシェアできる**ところが良いですね」（小田島直樹社長）

小田島社長のプロファイル（青・赤・黄、右・右・左）

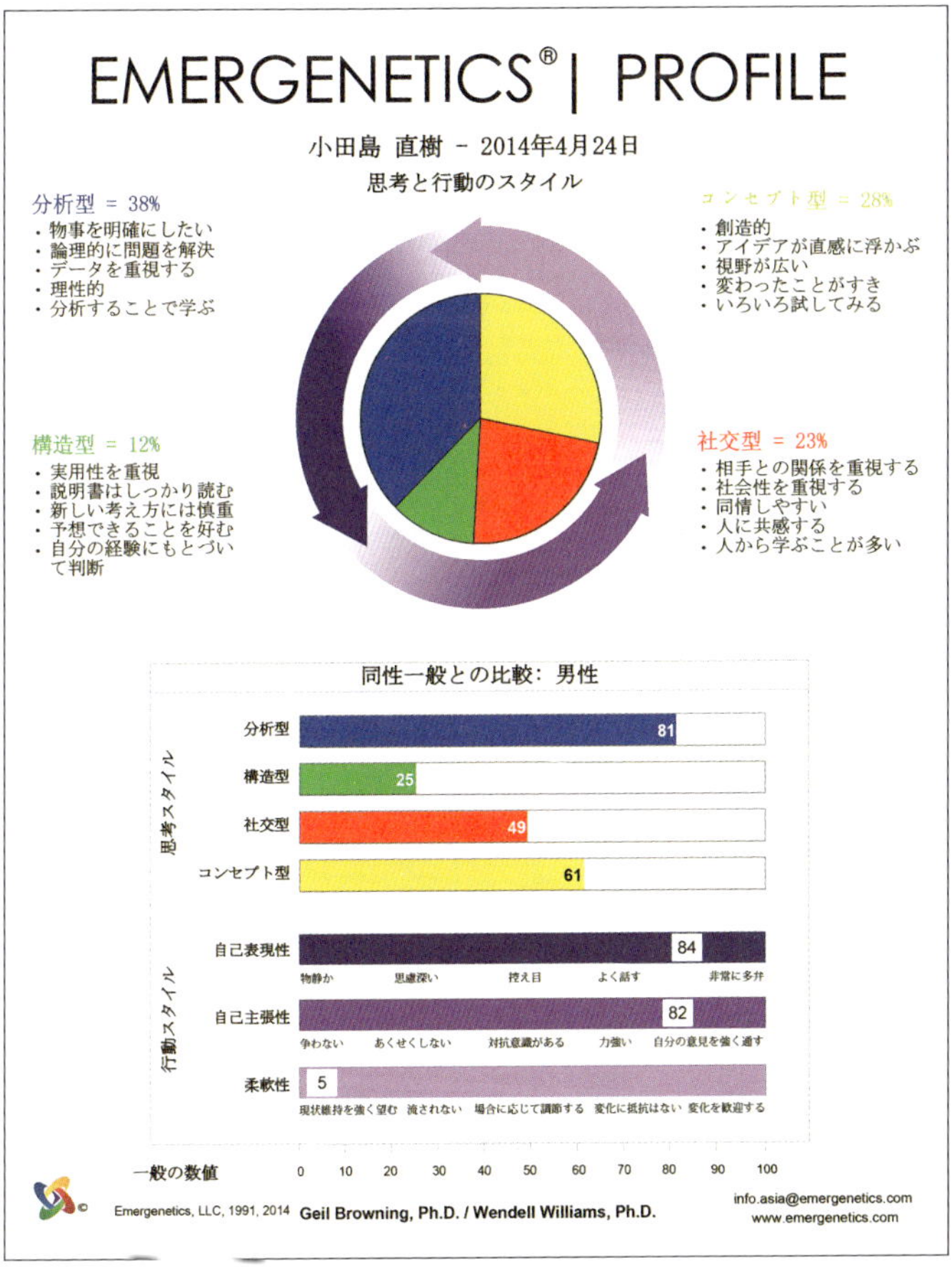

新しいことが大好きで、それを実現する最短コースが思い浮かび、みんなで共有したいと考える思考特性。3色顕性のため、決定に時間がかかる場合がある。まわりを引っ張るリーダーシップを発揮する一方で、他人の意見によって、自分の意見を変更することはあまり好きではない。

2人より3人で話したほうが話がまとまりやすい理由

「通訳」を入れて3人で話すと、話がまとまりやすい

テトラポッド、カメラの三脚、段ボール（三角形を連ねた「トラス構造」で強度を出している）など、物体を支えるときは、2点から3点に増えると、劇的に安定感が増します。東京スカイツリーの基礎構造も、一辺約70mの正三角形です。

私は、人間関係も「三角形で安定する」「2人を3人にすると社会ができるので安定する」と考えています。

上司が「黄色・赤顕性」で、部下が「緑・青顕性」の場合、思考特性が異なるため、話が噛み合わない場合があります。

プロファイルが違いすぎるときは「通訳」を入れる

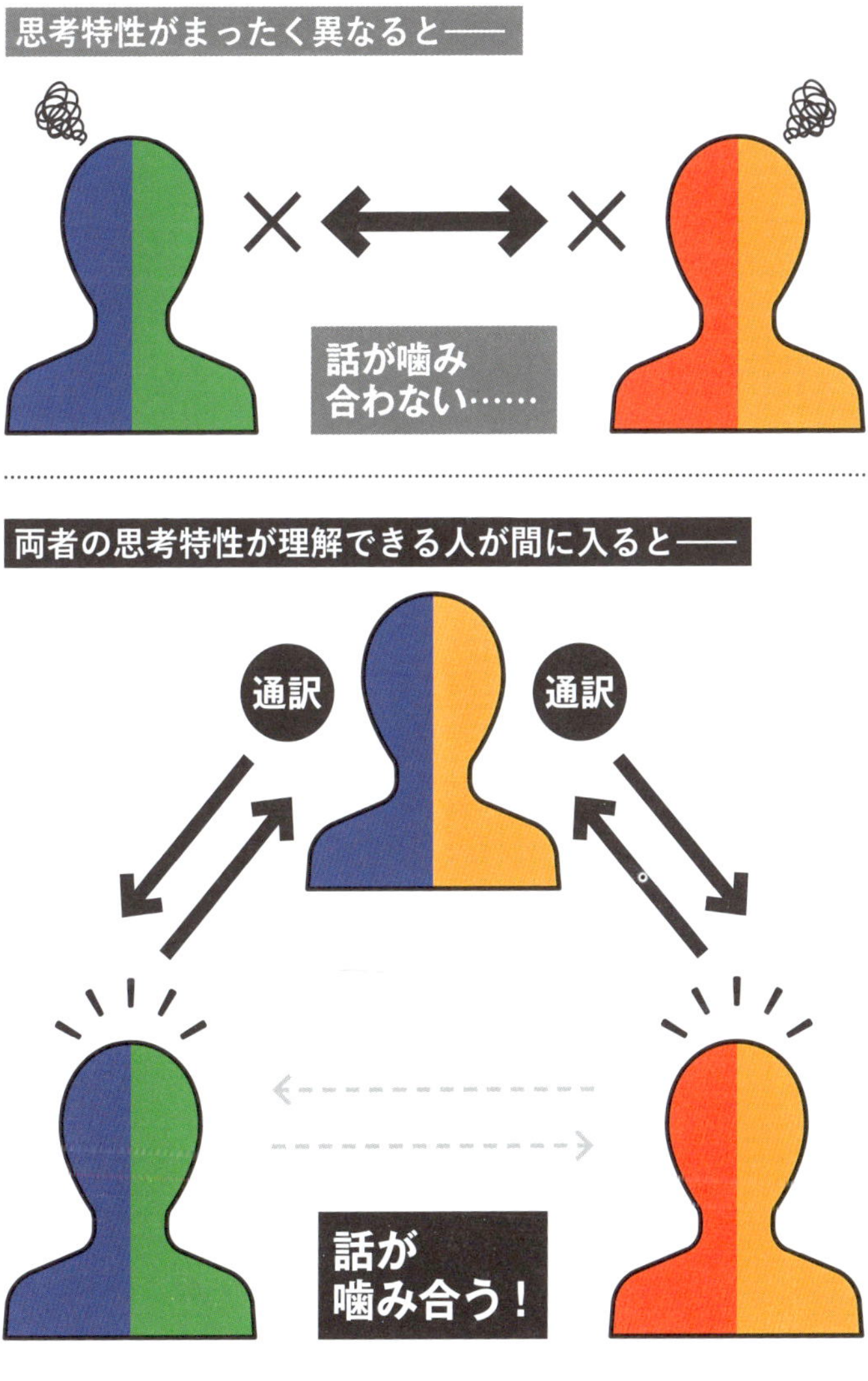

そんなときは、**上司の考えも、部下の考えも両方とも理解できる人物（「赤・緑顕性」「赤・青顕性」「黄・緑顕性」「黄・青顕性」など）を間に入れて「通訳」をさせる**と、話がまとまりやすくなります。

「株式会社EGIJ」の賀川正宣CEOは「黄・赤」の2色顕性で、マスターアソシエイトで取締役の西由美子《にしゆみこ》さんは、「緑・青」の2色顕性です。

これだけプロファイルが違うと、ミスコミュニケーションが生じやすい。ですが、もうひとり、マスターアソシエイトで常務取締役の岡本興一さんを「通訳」として加えることで、チームに安定感が増します。

岡本さんは、「青・黄」の2色顕性で、賀川CEOの考えも、西さんの考えも、どちらも理解できるからです。

賀川CEOが、「こんな感じで、よろしく」と抽象的な指示を出したとき、西さんには「こんな感じ」を具体的にイメージすることができません。

ですが、賀川CEOと同じ「黄色顕性」の岡本さんなら理解できる。

岡本さんが「こんな感じ」を「青顕性」の西さんにわかりやすく通訳することで、賀川CEOの直感的なアイデアを現実的な思考へと落とし込むことができます。

EGIJの3人はどうやってコミュニケーションを取っているか

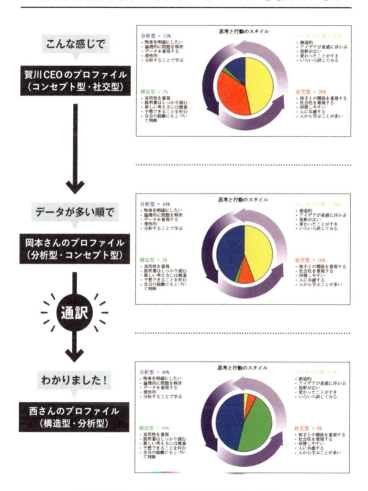

こんな感じで

賀川CEOのプロファイル（コンセプト型・社交型）

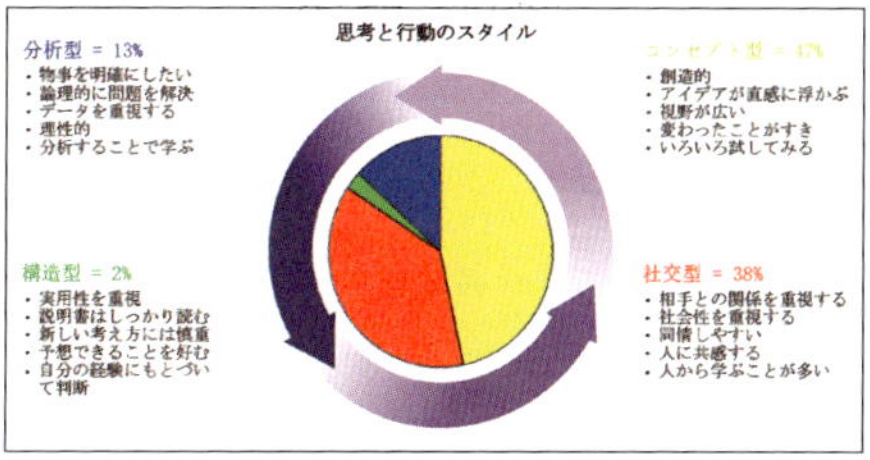
思考と行動のスタイル
分析型 = 13%
・物事を明確にしたい
・論理的に問題を解決
・データを重視する
・理性的
・分析することで学ぶ
コンセプト型 = 47%
・創造的
・アイデアが直感に浮かぶ
・視野が広い
・変わったことがすき
・いろいろ試してみる
構造型 = 2%
・実用性を重視
・説明書はしっかり読む
・新しい考え方には慎重
・予想できることを好む
・自分の経験にもとづいて判断
社交型 = 38%
・相手との関係を重視する
・社会性を重視する
・同情しやすい
・人に共感する
・人から学ぶことが多い

データが多い順で

岡本さんのプロファイル（分析型・コンセプト型）

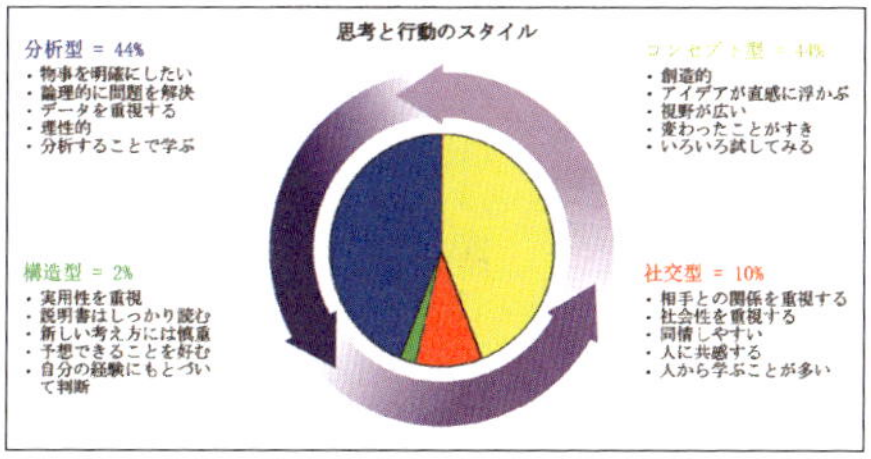
思考と行動のスタイル
分析型 = 44%
・物事を明確にしたい
・論理的に問題を解決
・データを重視する
・理性的
・分析することで学ぶ
コンセプト型 = 44%
・創造的
・アイデアが直感に浮かぶ
・視野が広い
・変わったことがすき
・いろいろ試してみる
構造型 = 2%
・実用性を重視
・説明書はしっかり読む
・新しい考え方には慎重
・予想できることを好む
・自分の経験にもとづいて判断
社交型 = 10%
・相手との関係を重視する
・社会性を重視する
・同情しやすい
・人に共感する
・人から学ぶことが多い

通訳

わかりました！

西さんのプロファイル（構造型・分析型）

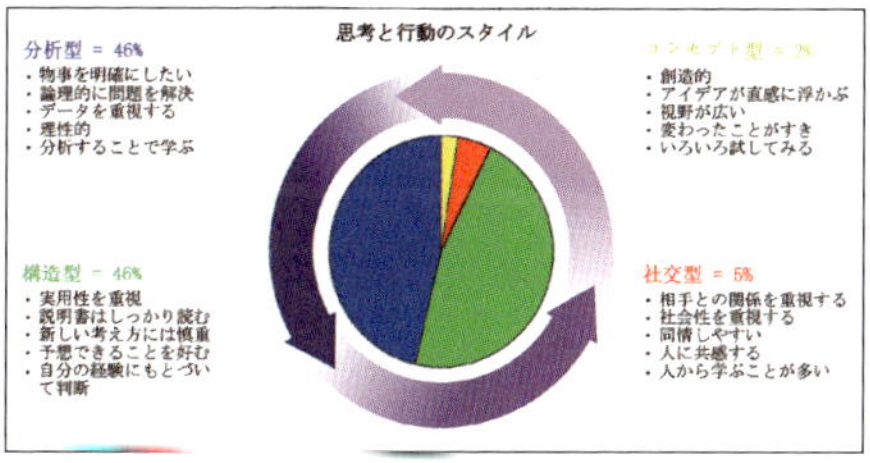
思考と行動のスタイル
分析型 = 46%
・物事を明確にしたい
・論理的に問題を解決
・データを重視する
・理性的
・分析することで学ぶ
コンセプト型 = 2%
・創造的
・アイデアが直感に浮かぶ
・視野が広い
・変わったことがすき
・いろいろ試してみる
構造型 = 46%
・実用性を重視
・説明書はしっかり読む
・新しい考え方には慎重
・予想できることを好む
・自分の経験にもとづいて判断
社交型 = 5%
・相手との関係を重視する
・社会性を重視する
・同情しやすい
・人に共感する
・人から学ぶことが多い

西さんが賀川CEOに伝えたいことも、
岡本さんが「通訳」することで、伝わる。

「青顕性」の部下には「データ」を見せて指導する

ダスキン事業部の統括本部長・市《いち》倉《くら》裕《ゆう》二《じ》は「緑顕性」です。

市倉がハーティ部門（ダスキン商品の交換をする部門）の課長、皆《みな》川《がわ》真《ま》祐《ゆ》子《こ》と、皆川の部下である辻《つじ》岡《おか》公《きみ》江《え》、薄《うす》井《い》隆《りゅう》平《へい》と懇親会を開いたとき、市倉は、「青」が第1顕性の皆川が理解しやすいように、「数字」を用いた指導をしています。

「今回の懇親会は、部門の現状を振り返りながら、今後の改善策を話す場として位置付けていました。皆川は『青・緑顕性』、薄井は『赤顕性』、辻岡は『緑・赤顕性』です。

部門の責任者である皆川の第1顕性は青で、彼女に理解させるには、『数字による納得感』が必要だと思い、**前期の数字と今期の数字をプリントアウトしたものを持参し、売上、粗利、経費、利益を数字で比較させました。**

その結果、『売上、粗利は上がっているが、それと同時に、人件費と車両費も上がっている』ことが明確になり、皆川は、『配送数を減らすことで経費削減できる』ことが理解できたようです。そして、業者に頼んでいた配達をミーティング等に行く薄井にさせた。

また、皆川と薄井は思考特性が違うため、2人だけで話をするとコミュニケーション不足になりかねません。

ですが、辻岡を入れて3人で話をすると、辻岡が通訳となるため（緑と赤が顕性）、一体感が生まれやすいこともわかってもらえたようです」（市倉裕二）

懇親会を開いたときの皆川はC評価でした。その後、行動パターンが変わり、次の評価はS評価を獲得しました。

ミスコミュニケーションが起きるのは、「相手の特性」を無視しているから

自分の言いたいことを、言いたいように伝えてはダメ

わが社がEGを導入する以前に、ダスキンマットをお使いのお客様から、次のようなクレームをいただいたことがあります。

「洗浄したキレイなマットと交換するという約束なのに、交換したマットが汚れています。前任者のときはこんなことはありませんでした。新しい担当者になってからは、今回で2回目です。担当者を元に戻していただけませんか？」

クレームの原因は、前任者と現在の担当者の引き継ぎ不足です。

前任者の安藤《あんどう》孝徳《たかのり》は、「黄色顕性」で、自己表現性も、自己主張性も、柔軟性も「右寄り」です。

したがって、「曖昧な状態でも気にならず、すぐに物事をはじめたがる傾向」があります。

安藤は、現在の担当者、押田《おしだ》弘樹《ひろき》に対して、「これこれ、こんな感じでやっておけば、あとはなんとかなる。あとは自分で考えてやってね」と抽象的に伝えただけでした。

押田は、「黄色潜性」「緑顕性」で、前任者、安藤の「これこれ、こんな感じで……」といった抽象的な指示だと、仕事の段取りを理解できなかった。

しかも、行動特性は、自己表現性も、自己主張性も、柔軟性も「左寄り」で、自己主張することに葛藤を感じやすい。安藤への確認をためらい、結果的にわからないままにしていたと思います。

EGを導入していれば、こうしたクレームを防ぐことができます。なぜなら、お互いが相手の「色」を理解した上で会話ができるからです。

また上司が、前任者の安藤に対して「あなたは黄色顕性だから『こんな感じ』で仕事ができるが、**押田さんは緑顕性だから、『こんな感じで』では伝わらないと思う。押田さんに仕事を引き継ぐときは、具体的な仕事の手順を細かく教えたほうがいい**」と指導をすれば、引き継ぎ不足をなくすことができます。

お客様に寄り添う姿勢がクレームをなくす

クリーンサービス事業本部の本部長、小《こ》嶺《みね》淳《あつし》は、「お客様のプロファイルを予測した接客対応の必要性」を感じています。

「お客様の正確なプロファイルはわかりませんが、ある程度、『この色が顕性ではないか』と想定しながら、話し方を変えています。

先日、お客様からお電話をいただいたことがありました。交換日に関するクレームでした。

お話をうかがいながら、私は、『このお客様は、緑と赤が顕性ではないか』と仮定しました。『交換日を守ってほしい』のは、『時間を守る、納期を守る、ルールを守る』という緑顕性の特性に合っていますし、また、『自分の感情を理解できない担当はだめ』という思考は、赤顕性の特性だと思えたからです。

このお客様を担当していた私の部下は、青顕性で赤が潜性だったため、お客様は『担当者の対応が冷たい』と感じてしまったようです。

私は赤顕性で、『どうすれば赤顕性のお客様の不満を取り除くことができるか』を考え、『電話で話すだけでなく、すぐにお会いして謝罪をしたほうがいい』と判断しました。そして謝罪にうかがい、お客様の思いに同調して、共感して、『私がお客様の立場でも、同じ気持ちになったと思います』とお伝えした結果、解約を免《まぬが》れることができた。

お客様と武蔵野の社員の顕性が違うと、コミュニケーションがうまくいかず、クレームが大きくなることが考えられます。**お客様のプロファイルはわからなくても、『相手に寄り添う』『相手に合わせる』という姿勢を忘れなければ、クレームを大きくすることはない**と感じています」（小嶺淳）

緑顕性の社員への指示は「具体的」に与える

久《く》木《き》野《の》厚《あつ》則《のり》部長は、プロファイルを見ずに指示を出し、部下を戸惑わせてしまったことがあります。

『マイページ』（お客様情報の管理・お客様対応履歴などを社内でスピード共有できる武蔵野オリジナルのシステム）の開発が遅れていて、２０１６年11月から、18件の開発案件がリリースできずに残っていました。

すでに当時の担当者は全員異動していて、案件の中身もよくわからない状態のまま対応に当たることになったのが、三《み》津《つ》山《やま》朋《とも》子《こ》です。

三津山は、緑が81％の緑顕性（緑シングル）です。教わったことを手順通りに行うことが得意ですが、その反面、手順から外れたことを行うのがとても苦手です。

あるとき、開発会社から問い合わせがあり、私が出張先にいて対応できなかったため、三津山に対応を任せることにしました。**私は、『三津山なら、大丈夫だろう』と思い、具体的**

な指示を出さないまま、『うまく対応をしておいてほしい』と気軽に頼んでしまった。

ところが、私のこの中途半端な投げ掛けが、三津山を追い込みました。『こんなの、わからないし、できない！』と彼女はうろたえました。

彼女のタイプをわかっていなかった私のミスでした。

翌日、私が彼女に開発案件の状況を具体的に説明すると、彼女も、『それなら、私にも対応できます』と納得し、すぐに動いてくれました。その結果、わずか3カ月で18件の開発案件をすべてリリースできました。

これまで、緑顕性の三津山は、変化に弱く見えることがありましたが、今回の『マイページ』の開発をやり遂げたことで、『仕事がやりやすくなるだけでなく、お客様にも喜ばれる』ことを実感できて、変化への不安や拒絶反応が随分と少なくなった。

そして先日、三津山から嬉しい発言がありました。『しっかり成果を出して高い評価を取り、幹部を目指していきたい』。

緑顕性で、このような成功体験・経験を積み重ねていけば、三津山なら幹部になれるでしょう。その後押しができるように、彼女のプロファイルに合わせたコミュニケーションを取っていきたいと思います」（久木野厚則）

部下が成長するか、しないかは、上司の伝え方で決まる

部下が「なぜ？」と聞くのは、やる気のある証拠

経営サポートパートナー会員の**「オザキエンタープライズ株式会社」**（遊技場チェーン）でも、ＥＧを導入しています。

新卒社員の中に、「上司の言うことを聞かない新卒（Ａくん）がいて、手を焼いている」というので、尾《お》崎《ざき》幸《ゆき》信《のぶ》社長に状況を聞いてみたところ、「Ａは、直属の上司の指導に対して、『なぜですか？』『どうしてそれをやるのですか？』とすぐに口答えをして、素直ではない。口答えをするのは、やる気がないからだ」と言う。

ですが、Aくんのプロファイルを見れば、彼が斜《しゃ》に構えているわけでも、やる気がないわけでも、上司に歯向かっているわけでもないことがわかります。

Aくんは、「青顕性」でした。**アクションを起こすために、「目的や根拠を明確にしたかった」だけ**です。

そして、Aくんの上司は、「緑顕性」だった。「緑顕性」の上司は、「新入社員はこの仕事をする決まりだ」とだけ述べて、「こういうときは、こうする」という具体的な手順の指導に力点を置き、「なぜ、それをする必要があるのか」の根拠を示していません。

Aくんは、根拠や目的を知りたかった。だから「なぜですか？」と質問をした。けれど「緑顕性」で「青潜性」の上司は、「『なぜ？　なぜ？』と理由を聞いてくるのは、やる気がないからだ」と判断していた。

本当はその逆です。**「やる気があった」から、Aくんは「なぜ？」と質問していた**ことがわかります。

「青顕性」は、「物事を明確にしたい」という思考が強いため、Aくんを戦力化するには、質問する機会を与える。そして、根拠、メリット、目的を明確に伝えることです。
「青顕性」の特性を踏まえた指導に変えた結果、Aくんは現在、新卒の中で、もっとも成果を上げています。

上司と部下がお互いのプロファイルを見ながら面談

「丸栄運輸機工株式会社」（輸送事業）の高《たか》木《ぎ》裕《ゆたか》常務取締役は、「勘ではなく、道具にもとづいた部下の指導」を実践するため、EGを導入しています。

「人事評価制度を刷新するにあたって、幹部社員から『どのように部下に話したらいいのか？』と質問を受けたことがEG導入のきっかけです。

当社は、月に一度、上司と部下が評価面談をしますが、そのとき、**お互いのプロファイルを見せ合いながら話をする**ように心がけています。

プロファイルを意識しながら面談を行うことで、上司と部下の意思疎通がスムーズになりました。

高木常務のプロファイル（青・黄、左・右・左）

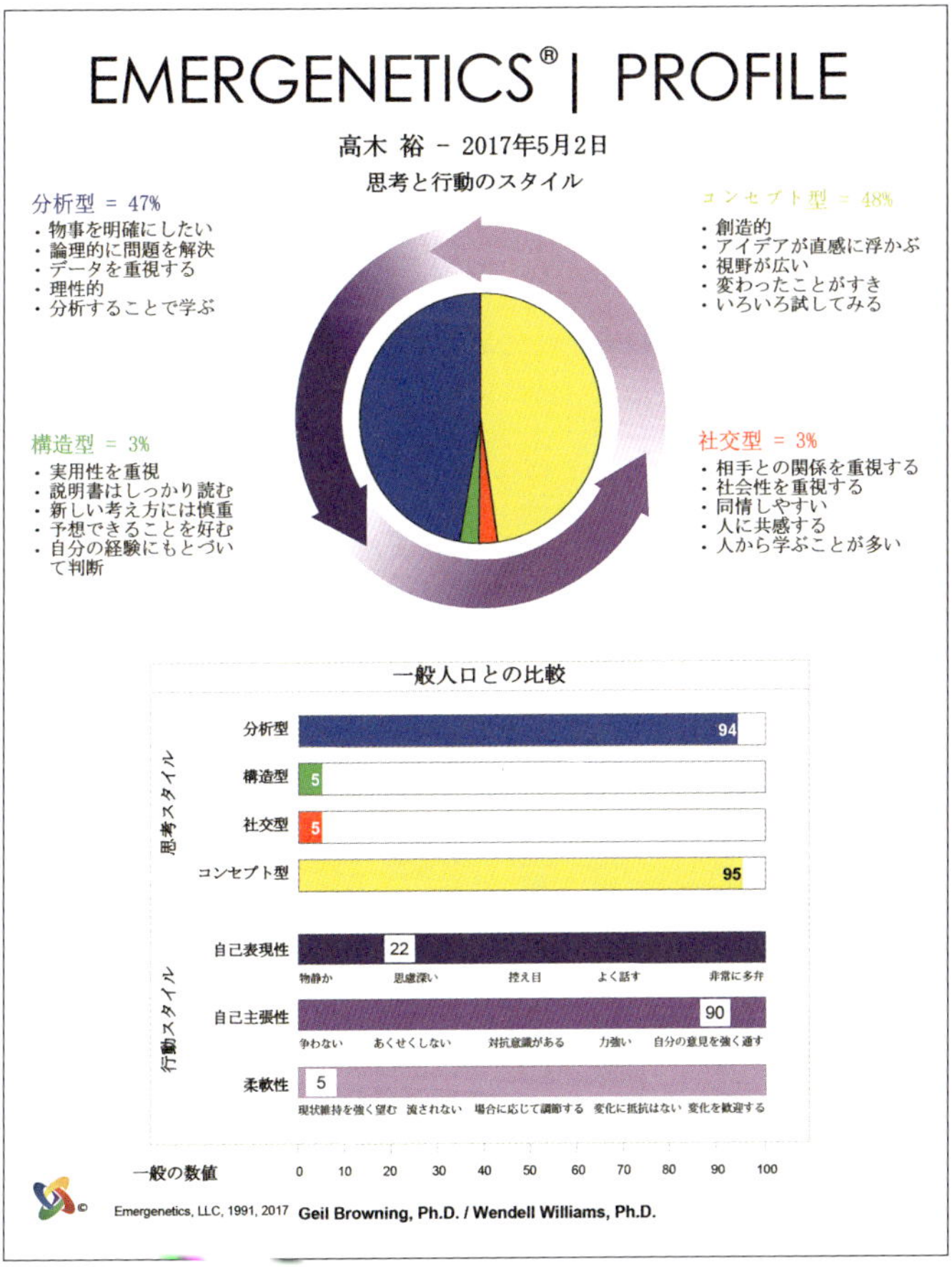

新しいことを、最短で実現できる方法をすぐに思いつくが、それを自分自身の手で実行したいとはあまり思わない。表現はやわらかいものの、「なんで？」と社員に聞くことが多く、問い詰められているように聞こえることがあるため、「厳しいことを言う人」だと評価されることも。

これまでは、自分とは違うタイプの人を『あの人はおかしい』『あの人は変だ』と否定的にとらえていました。

でも、EGの導入によって『そういう人だから』『人によって普通は違うから』と受け止めることができるようになった。そして、相手に対する許容範囲が明らかに広がったと思います」（高木裕常務）

社員の行動特性に合わせて、報告・連絡・相談のしかたを変える

「株式会社ソナーレ」（不動産賃貸管理）の丸《まる》山《やま》朋《とも》子《こ》社長は、社員のプロファイルを公開するほか、ラミネートしたプロファイル（縮小版）を社員に携帯させ、いつでも見られるようにしています。

また、定期的に**「行動特性」の数値順に社員を並ばせて、お互いの立ち位置を確認**しています。

丸山社長は、社員の行動特性に合わせて、報告・連絡・相談のしかたを次のように工夫しています。

丸山社長のプロファイル（青・黄、左・中・中）

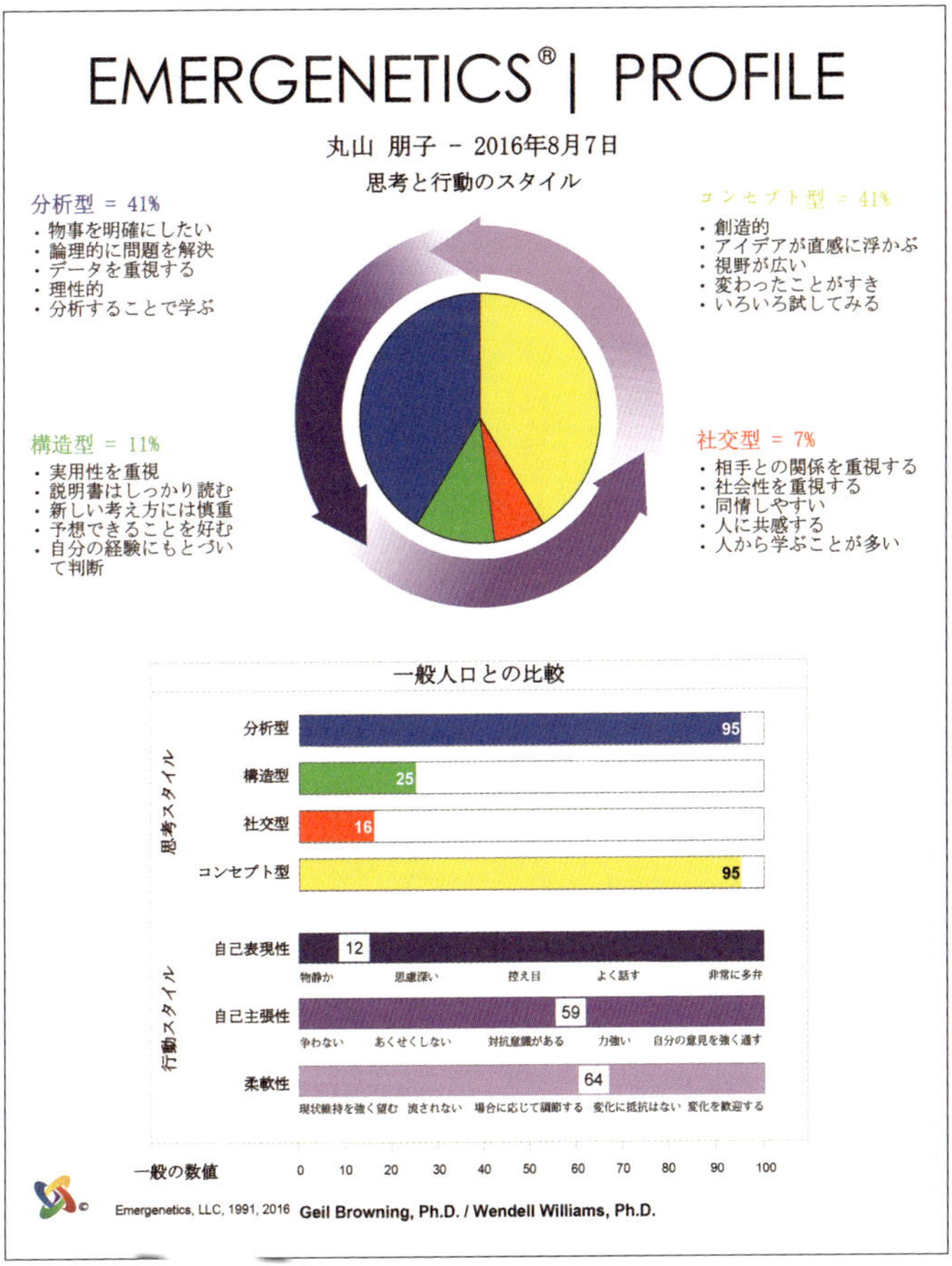

青・黄色顕性で、10年後、20年後をイメージできるが、今日どうするか等短期的なことについては、あまり興味がない可能性が高い。もの静かだが論理的に主張するので、聞く側は詰められているように感じることがある。社員の意見には耳を傾ける。

- 「発言するのは、自己表現性が『左寄り』の社員から」
- 「自分よりも自己表現性、自己主張性が『左寄り』の場合、本人が『もうありません』と言っても、最低3回は『ほかにないか』を確認する」

「当社では、『相手を知る』『自分と相手とのギャップを知る』『人財の潜在能力を知る』『弱点を補うしくみをつくる』といった目的のために、EGを活用しています。

社員一人ひとりの個性を知ることによって、たくさんの可能性を発見できます。チーム編成をするときもプロファイルを参考にして、

『企画のアイデア出しは黄色チーム』
『企画の課題や問題点の洗い出しは青チーム』
『企画の実行計画の策定や細かな準備は緑チーム』
『実行時と実行後のお客様サポートは赤チーム』

と**特性ごとにチームを編成すれば、相互補完的な組織をつくることが可能**です。

また、どの色の観点からでも混乱しないように、社内でのホウレンソウには、5W1Hを徹底するようになりました。私の体験では、『青顕性の人は、評論なのか、現実にあった

ことなのかがわからなくなることがあります。同じ青同士で話が平行線になり、面倒くさいときもある』『緑顕性の人は、過去の体験を混ぜ込む傾向があり、今の話なのか過去の話なのかがわからなくなることがある』『赤顕性の人は誰かが悪くならないように『誰が』を曖昧にしたがる傾向がある』『黄色顕性の人は自分のアイデアを混ぜ込む傾向があり、実際にやったのかやっていないのかがわからないことがあります』。

以前は、ホウレンソウに矛盾を感じると、私自身がどう状況判断してよいのかがわからなくなり、イライラすることがよくありました。

それは矛盾に反応する自分の青顕性の特徴であって、社員に悪意があるわけではない、ということがわかり、イライラしなくなりました。最近は『私は矛盾があると思考停止してしまう面倒臭い脳です』ということを社員に周知しています。矛盾を発見したら、そのことを伝えて『実際に起きたことは何か？』を一緒に会話をしながら事実が明確になるようにしています」（丸山朋子社長）

「それがあの人の特性だからしかたない」と割り切ると、ケンカがなくなる

EGを導入すると「あきらめのマネジメント」が実現する

EGのプロファイルを見ると、

- 「自分の『普通』と、相手の『普通』は違う」
- 「自分の中の『正解』が、全員の『正解』になるわけではない」
- 「自分も正しくて、相手も正しい」

ことが理解できるため、人間関係の許容範囲が広く、深くなります。

メリーメイドの部長、尾崎未佳は、「パート・アルバイトがEGを受けたことで、以前よりも支店のメンバー同士が仲良くなった」と感じています。

「メリーメイド小金井支店はもともと仲が良かったのですが、プロファイルを貼り出したことで、今まで以上に人間関係のトラブルがなくなった気がします。

私が冗談を口にすると、パートさんたちから、『尾崎さんは赤顕性だからしょうがないよ（笑）』とか『出た！　赤脳』と言われるようになりました。

EGを受ける前は、パートさんも、『尾崎さんは、どうしてふざけたことばかり言っているのだろう』とイライラすることもあったと思うんです（笑）。でも今では、『それが、赤顕性の尾崎さんの個性だからしょうがない』と、いい意味であきらめてくれていますね」

（尾崎未佳）

EGを導入すると**「不満のマネジメント」**が**「あきらめのマネジメント」**に変わります。

「不満のマネジメント」は、「あの上司がダメだ」「あの部下はダメだ」と相手の人格を否定し、排除します。

でも、相手のプロファイルがわかると、「あの上司はダメだ」「あの部下はダメだ」ではなく、

- 「あれが、あの上司の個性だ（だから、しかたない）」
- 「あれが、あの部下の個性だ（だから、しかたない）」

と受け止めることができるため、相手の人格を否定することがありません。

「しかたがない」という感情は決して後ろ向きではなく、踏ん切りをつけるための前向きな感情です。

「しかたがない」と言って流してしまえば、ストレスを溜め込むことはありません。だから、「ケンカがなくなって、仲良くなる」わけです。

自分のプロファイルがわかると、自己否定しなくなる

自分のプロファイルがわかると、「自己否定」をすることが少なくなります。

反対意見を言われたとき、あるいは自分とは違う考えを正当化されたとき、「間違っているのは自分」と自己否定をする人がいます。そして、自分の意見、考え、好みを飲み込んでしまう。

ですが、自分が今まで「欠点」だと思っていた言動が、じつは、遺伝と経験が合わさった結果（＝自分の持ち味）であることがわかれば、自分を卑下《ひげ》する必要がなくなります。

「株式会社EGーJ」の賀川正宣CEOが以前、「エマジェネティックス®活用セミナー」の講師を務めたとき、ある企業の女性社員（A子さん）から、「小学生のときに、このセミナーを受けたかった」と言われたことがあるそうです。

「EGには、『日本にかぎらず世界的に見ても、地方都市は緑顕性の人が多い』傾向があります。A子さんの会社も地方都市にあって、社員の80％以上が緑顕性でした。ところがA子さんは、『黄・赤』の2色顕性で、行動特性は3つとも右寄りだったのです。

緑顕性が多い会社の中で、A子さんは『異質』に映っていたはずです。A子さんも、会社に堅苦しさを感じていたと言います。

彼女は、小学生のときから、『あの子は変わっている』『あの子は変人だ』と言われ続けていました。そしていつしか、自分も、『私は、ほかの人とは違う』『私は変人だ』と決めつけるようになっていた。

ところが、EGによって『**自分は変人ではない**』『**まわりと違うのは、自分の特性である**』**ことがわかり、自分に自信が持てるようになった。**現在では、自己否定することはなく、イキイキと輝いています（他の社員も、A子さんの言動を認めるように変わっています）」（賀川正宣CEO）

お互いの思考特性が似すぎても、意見が噛み合わないことがある

「株式会社喜《き》芳《ほう》園《えん》」（観葉植物レンタル）の下田《しもだ》あかね社長は、EGの導入によって、「経営層（親子）のコミュニケーションが円滑になった」と感じています。

喜芳園の会長は、下田社長の母親で、プロファイルを取る前は、次のような会話が頻繁にあったそうです。

会長（母親）「あなたはいつも概念ばかり口にして、具体的なことは言っていないのよ」
下田社長「（図星なのでカチーンとくる）じゃあ、どうすればいいの？　わかんないもん。会社なんてやめてやる！」
会長（母親）「そうやって、すぐ怒る！」
下田社長「きぃーー！」

そこで、社長と会長のプロファイルを取ってみると、意外なことがわかりました。会長と社長の思考特性が「よく似ていた」。

「いつも話がズレるから、絶対に正反対の特性を持っていると思っていたんです。ところがプロファイルを取ってみると、ほぼ一緒でした（会長の思考特性は黄色顕性、行動特性は、自己表現性が真ん中、自己主張性が右、柔軟性が左）。**お互いに『自分が言われたくないこと』を言っていた**と思います。

私が『きぃーー！』となったのも、母親の指摘が図星だったからです。同じ思考特性を持っていることがわかったとたん、不思議と、会長との仲間意識や連帯感が生まれてきました。

また、母も黄色顕性で、話している最中に、**違うことに興味が移ってしまう**ことがあります。

現在では、『母の興味がなくなったな』と思ったら話を打ち切るようにしたり、話が長くならないようにポイントを短く説明するなど、母の特性に合わせたコミュニケーションをするように心がけています」（下田あかね社長）

下田社長は、色の特性によって任せる仕事を変えてみたり、行動特性を考慮して意見の聞き方、振り返りの方法を変えながら、「チームで成果を出すための土台づくり」を進めています。

「今までは、仕事に対して、個別最適の考えを持った社員ばかりでしたが、ＥＧを導入したことで、**『チームで成果を出すことが会社の発展につながる』という全体最適の考え方が養われつつある**と感じています」（下田あかね社長）

下田社長のプロファイル（黄、左・左・左）

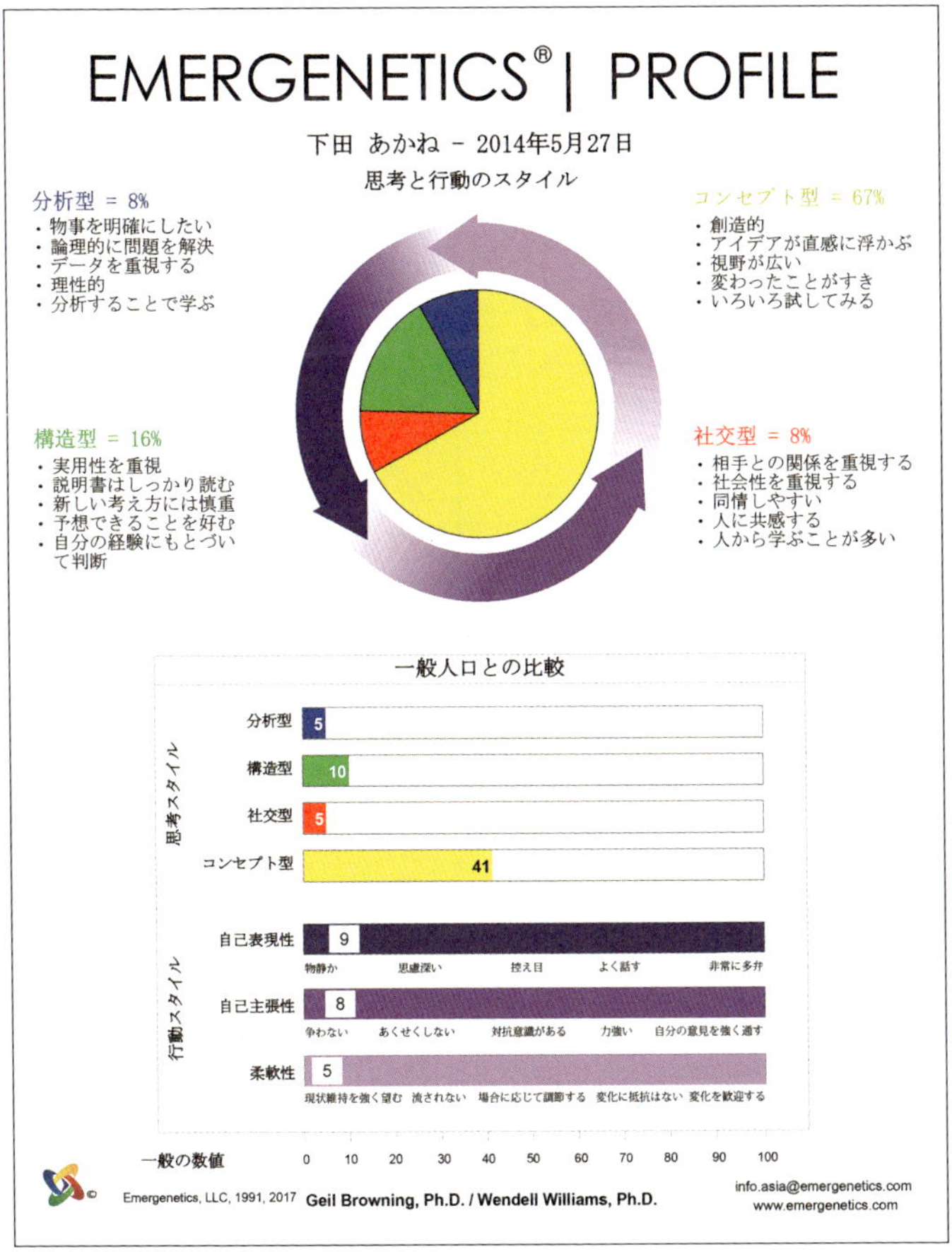

下田会長は強く言いがちだが、下田社長は自己表現性と自己主張性が左寄りなので、強く主張することはないが、柔軟性左寄りであるため自分の意見を変えることは抵抗がある。似たプロファイルだと、自分が一番言われたくないことがわかるので、それを口にしてしまうと、時として大喧嘩になることがある。

プロファイルを「やらなくていい理由」（言い訳）に使ってはいけない

社員教育の基本は、「その人の持ち味を活かす」こと

赤字の会社の社長は、黒字化するために、自社の弱点を改善しようとします。ですが、自社の弱点を潰すこと以上にもっと大切なことがある。

それは、

「自社の長所を伸ばすこと」

です。「梨を１００個、リンゴを50個売る」という計画を立てます。ですが実際は、「リンゴが80個売れて、梨は30個しか売れなかった」ら、「売れているリンゴをさらに売り伸ばす」（梨は成り行きに任せる）のが正しい。

私も以前は、「自社の弱点をなくそう」と考えたことがあります。武蔵野がIT化に力を入れたのは、「IT化によって、自社の弱点を補う」ためです。

しかし、社員は「入力が面倒くさい」「管理されるのが嫌だ」と言って、パソコンに触ろうとしない。

ITは、その人が元から持っている資質を高めてくれることはあっても、そもそも持ち合わせていない資質を補うものではなかった。

したがって現在では、「自社の長所を伸ばすためにITを使う」と発想を切り替えています。弱点を直すことをやめて、「武蔵野の強み＝良いところ」を徹底して伸ばしている。

社員教育も、同じです。EGのプロファイルを見ると、その人が何を苦手にしているのかがわかります（EGのプロファイルは、数値が低くても「欠点」とは考えません。どのような思考特性でも、どのような行動特性でも、その人の「特性」として解釈します）。

ですが、**苦手を克服するより、「強み（特性）を伸ばす」ほうが業績は上がります。**

私は、行動特性が3つとも「右寄り」で、「落ち着きがない」ことを自覚しています。ですが、「落ち着きがない」から、私はアナグマ社長にならなかったし、「今起こっていることを今すぐ処理する」ようになった。

私たちは、学校の義務教育を通して、「得意なことより不得意なことを克服しなさい」という教育を受けてきました。

「国語が90点、算数が30点」だとしたら、先生から、「国語の勉強はこれ以上しなくていいから、苦手な算数に力を入れなさい」と指導を受けます。

ですが、苦手なこと、不得意なことは「それなり」に「そこそこ」できればいいのであって、「自分の得意を伸ばしていく」ことのほうが大切だと私は考えています。

日本人は、「苦手なことを一所懸命やる」という姿勢に美《び》徳《とく》を感じますが、その人の長所や強みは、苦手を克服した先にあるのではなく、「長所をさらに伸ばした先」にあります。

不得意を克服するために、努力、根性、忍耐、時間を注ぎ込んでも、「得意なこと」以上の結果を出すことはできません。

「苦手なこと」をやったり、得意なことを棚上げすることも必要

「短所を改善するのではなく、長所を伸ばす」のが、社員教育の基本です。しかし、だからといって**EGのプロファイルを「やらなくていい理由（言い訳）」にしてはいけません。**

東海道新幹線には、「のぞみ」「ひかり」「こだま」の3つの列車種別があります。

列車種別ごとの「スピード」をEGの行動特性に置き換えてみると、

- **「のぞみ」＝行動特性「右寄り」**
- **「ひかり」＝行動特性「真ん中」**
- **「こだま」＝行動特性「左寄り」**

とたとえることができます。東京発の新幹線の中で、もっとも早く「新神戸駅」に到着するのは「のぞみ」、次が「ひかり」、一番時間がかかるのは「こだま」です。

ですが、「東京〜新横浜」間、あるいは「京都〜新神戸」間では、「のぞみ」「ひかり」「こだま」は各駅に止まり、同じスピードで走っています。

私は、会社も新幹線と同じで、行動特性が「左寄り」の人も、「右寄り」の人も、「真ん中」の人も、**「全員が同じスピードで走らなければいけない局面」があると**考えています。

ある時期は、「右寄り」の人がスピードを落とす。ある時期は、「左寄り」の人が多少の無理をしてでも全力疾走をする。

「自分は行動特性が3つとも左寄りだから、速いテンポで仕事をする必要はない。ゆっくり仕事をしていればいい」

「自分は行動特性が3つとも右寄りだから、まわりに合わせる必要はない。どんどん先に進んでいけばいい」

と、それぞれが勝手に解釈すると、組織としての一体感を維持できません。

行動特性が「左寄り」でも、ある一定のところまでは無理をして一所懸命走らなければならないときがある。一方で、「右寄り」の人が自分を押さえて、まわりのペースに合わせるときもある。走るのは苦手だけれど、全力疾走をしなければいけないときもあれば、走るのが得意なのに、歩かなければいけないときもある。

ＥＧは能力を測るものではありません。「この特性だから○○ができない」とは言えない。たしかに特性が示す不得意なことは、自分が得意としていることのようには、素早く、高い品質で行うことは無理でしょう。しかし、品質を少し落とし、時間をかければできないわけではない。

会社の業績を上げるために、ときには「苦手なこと」をやらなければいけないし、反対に、得意なことを一時的に棚上げしなければいけないこともあります。社員全員が不得意なことを拒否し続けていたら、組織は立ち行かなくなります。

苦手なことは、得意な人の真似をするのが正しい

「金鶴食品製菓株式会社」（食品加工）の金鶴《かなづる》友昇《とものり》社長も、ＥＧのプロファイルを「やらない理由」にしないように配慮しています。

「自分の思考特性がわかると、『私は黄色が潜性で新しいことはやらなくてもいい』『私は黄色が潜性で気づけないのが当然だ』といったように、言い訳に使ってしまうことがあり

ます。実際、ＥＧを導入してから半年くらいは、『黄色が潜性で気づけなかった』とか、『黄色潜性なのは自分に発想する能力がないからだ』と否定的に考える社員がいました。

でも、潜性とはいえ、『ゼロ』ではありません。意識しないとあまり使わないだけのことです。そこで、彼らには次のようなアドバイスをしました。

『横展開を意識してみたらどうか。自分に気づきの感性が足りないと思うのなら、気づきの感性を持っている人の真似をすればいい。あるいは、うちには『改善チャレンジのファイル』が20冊もあるから、すでに成果が出ている改善をそのまま真似すればいい』

ひらめくことができないなら、人のひらめきを素直に借りればいい。それは決して恥ずかしいことではありません。自分の苦手を補う最良の方法だと思います」（金鶴友昇社長）

COLUMN

嫁姑の問題も、夫婦の問題も EGのプロファイルがわかれば 解決できる

嫁と姑が同居すると、うまくいかないのはなぜか

私は、中小企業経営者の「経営支援」をしていますが、社長から寄せられる相談ごとは、経営のことだけではありません。子育てや家族関係など、幅広い悩みが持ち込まれます。家族関係の悩みの中でとくに多いのが「嫁姑《よめしゅうとめ》問題」です。

嫁と姑は、どうして仲が悪いのか。その理由は、嫁と姑の特性が違うからです。

小山家が家庭円満なのは、私と、天皇陛下（私の妻）と、娘の思考特性と行動特性がよく似ているからです。よく似ているから、居心地がいい。だからケンカになりません。

嫁と姑の仲が悪くなるのは、2人のプロファイルが異なるときです。姑が「黄色シングル／行動特性はすべて右寄り」で、嫁が「緑シングル／行動特性はすべて左寄り」だと、うまくいくはずがありません。

「黄色シングル／行動特性はすべて右寄り」の姑は、「あなた、こうしなさい、ああしなさい」と自分の考えを嫁に押し付けようとする。しかもその内容はコロコロ変わります。

一方で、「緑シングル／行動特性はすべて左寄り」の嫁は、決められたことを自分のペースでやろうとする。「緑シングル／行動特性はすべて左寄り」の嫁は、根気強い反面、自分の意見を強く持っているため、姑の考えを受け入れることにエネルギーが必要です。

嫁が悪いわけでも、姑が悪いわけでもありません。そもそも、2人の特性が合わない。だから、仲が悪い（2人の特性が同じなら、ケンカにはならない）。

では、2人のケンカを回避するには、どうしたらいいと思いますか？

ひとつの方法はEGのプロファイルを取って相手に合わせたコミュニケーションをすること。そしてもうひとつの方法は、**「嫁と姑が同居しない」**ことです。

同居をすると、嫁と姑が「旦那（嫁にとっては夫、姑にとっては息子）」を取り合うことにもなりかねない。だから揉《も》める。

かつての日本には、「嫁は姑の言うことを聞く」文化がありました。しかし、今の日本には当てはまらない。嫁にも自由がある。だとすれば、家賃を支払わなくて済むからと安易に同居しないほうがよい。

経営サポートパートナー会員にも、わが社の社員にも、私がいつも言っているのは、

「結婚したら、実家からスープが冷める距離まで離れろ」です。

嫁と姑があたたかいスープが飲める距離（目安は30分）にいる場合は、うまくいきにくい。私が二世帯住宅に懐疑的《かいぎてき》なのは、価値観が違う人同士のコミュニケーションは、それほど簡単ではないからです。

好きになったから結婚するのに、どうして離婚するのか？

好きだから結婚するのに、どうして離婚するのでしょう？

離婚の原因のひとつは、「価値観の押し付け」にあります。妻を、あるいはご主人を、「自分と同じ価値観の人間に変えたい」と思うことが間違いです。

結婚して、妻の思うような人間になりたいと思う夫はひとりもいない。妻も同じです。夫の過去と結婚するのではありません。2人で協力して夢のある未来をつくっていくと、夫婦間がギクシャクしない。

「株式会社渡辺住研」（賃貸仲介・不動産売買）の渡邉毅人《わたなべたけと》社長は、結婚前から「妻と自分は、違うのが前提」と考え、夫婦生活を育んでいます。

「私が妻と結婚したのは、1998年です。婚約後に遊び半分で、占い師に見てもらったり、ゲームセンターに置いてあった相性診断をやったりして、2人の相性を調べてみたことがあります。いろいろな相性診断を試してみましたが、全部『相性が悪い』という診断結果でした（笑）。

たしかに、私と妻は、結婚前から『違っていた』と思います。僕は肉が好きで魚が嫌い。妻は魚が好きで肉が嫌い。そういうところも含め、相性は良くなかった。でも、お互いにそのことを認識していたので、結婚式の当日に、こんな話をしました。

『俺たちは、相性が悪い。だから、協力し合って生きていこう』

私たちは、『違うのが前提』で結婚しました。そして、『違うのが前提』だから、『どうして妻はこんなことを言うのだろう？　ああ、でも、こういうことなのかな』と相手を理解したり、受け入れたりすることができたと思います。

EGのプロファイルをはじめて取ったのは、結婚から約10年後の2009年ですが、今にして思うと、私はプロファイルを取る前から、つまり妻と結婚をしてから、毎日、妻を相手に『EG研修をしていた』と思います。

『どうすれば、彼女が言っていることを理解できるのか』『どうすれば、自分の言っていることを理解してもらえるのか』を考えながら結婚生活を送っていたわけですからね。

わが家はお鍋にソーセージを入れますが、あるとき私が、『ソーセージをちょっと入れておいて』と言ったとき、妻は、『ちょっとって、何本?』と聞いてきたんです。妻には、『ちょっと』がわからない。私は『2本入れて』と言い直しました。

また、こんなこともありました。コンビニに買い物に行く妻に、『甘いものを適当に買ってきて』と頼んだら、彼女は『適当に、ではわからない』と言う。

こうした会話のすれ違いを何度も経験しながら、私も妻も、お互いを理解しようと努めてきました。

通じないことを前提に、私は妻と生きてきた。妻との生活を通して、『自分とは考え方や伝え方が違う人とでも、通じ合える』ことがわかりました。

私には、オーストラリア人の部下がいます。言葉は通じません。文化も違う。けれど、私と彼は通じ合っています。なぜなら、通じないことを前提に、お互いが歩み寄りながらコミュニケーションを取っているからです。

渡邉社長のプロファイル（緑・黄、右・中・左）

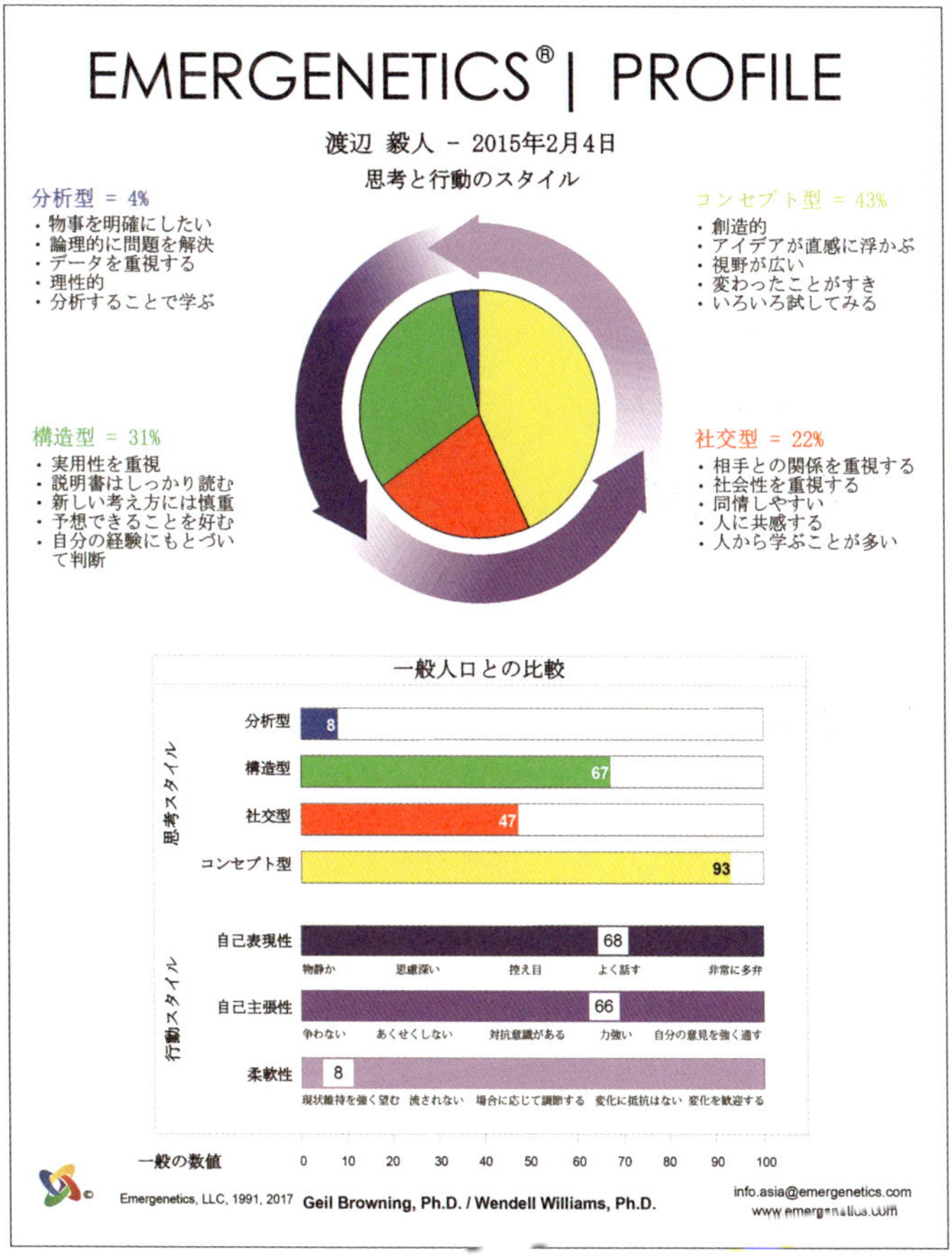

新しいことを思いつき、それを詳細なプロセスに落とし込もうとするタイプ。決めたことをやり続けるのは得意で、思ったことがつい口に出てしまう。時と場合によって「こうしなさい」という主張することがある。

私は、社員からよく、『社長はインチキ占い師みたいだ』と軽口を叩かれます（笑）。社員の考えていることを当てるからです。コミュニケーションはそれほど簡単なものではありませんから、実際には、人の気持ちを100％当てることはできない。

それでも、**『人はみんな違う』ことを理解した上で、社員の特性に合わせた接し方を心がけていけば、信頼関係を築くことはできる**と信じています」（渡邉毅人社長）

第３章

社員の特性を活かした「強い組織」をつくる

EGが教えてくれた「黒字会社」の共通点

「社長が黄色顕性」で「半数以上の社員が緑顕性」だと、業績がいい

私は現在、700社以上のコンサルティングをしていますが、黒字が続いている会社は、社員のプロファイルにある傾向が見られます（わかりやすい傾向のひとつであって、唯一の特徴ではないことに注意してください）。

「社長が黄色顕性で、半数以上の社員が緑顕性」の会社は、業績がいい。なぜなら、増収増益を続けるには、「変化」と「安定」の両輪が必要だからです。

【変化】

多くの社長は、「敵＝ライバル会社」だと考えていますが、ライバル会社は短期的な敵にすぎません。社長にとって最大の敵は、**「時代の変化」**です。

変化は、わが社の都合を待ってくれません。

変化は、わが社の都合を置いていきます。

経営は「環境適応業」です。環境の変化に対応できない会社は、やがて潰れてしまう。

分秒の単位で変化する市場・お客様に、いち早く自社を対応させていけるかどうか……。

会社が生き残れるかどうかの鍵は、99%、ここにかかっています。

社長は、時代がどのように変化していくかを見極め、時代の変化に合わせて、会社をつくり変えていかなければなりません。現状に甘んじることなく、変化し続けることが社長の務めです。

思考特性が「黄色顕性」で、柔軟性が「右寄り」の社長は、「時代の変化を敏感に察して、すみやかに次の手を打つ」ので、変化に乗り遅れることがありません。

【安定】

ビジネスモデルは、大きく次の「2つ」があります。

①**「鉄砲」を売るビジネスモデル**
②**「弾」を売るビジネスモデル**

「鉄砲」は高額なので、一度手に入れたら、通常はしばらく購入しません。だから、次の購買につながりにくい。

一方で、「弾」は消耗品です。鉄砲に比べて単価は安くても、鉄砲を買った人は必ず弾を使い、鉄砲を利用し続けるかぎり、補充します。したがって、「鉄砲は売らないで、弾を売る」のが、利益の安定するビジネスモデルです。**弾を扱うビジネスは、「同じお客様に、同じ商品を、定期的に、繰り返し販売する」ため、ガイドラインやルールに則って、決まったことを着実にやる「緑脳」（柔軟性は左寄り）が得意としています。**

武蔵野の事業は、「同じサービスを同じお客様に繰り返し売る」ビジネスです。

武蔵野が増収増益を続けられるのは、緑顕性の社員が、毎日、同じ仕事を愚直に、誠実に繰り返しているからです。

「黄色顕性」の社長が変化を起こし、「緑顕性」の社員が実行する

会社が柔軟性「右寄り」の社員ばかりだと、変化に対応することはできても、計画性や着実な実行がともなわないため、実績を上げることは困難です。

また、社員全員が「黄色顕性」だとしたら、「違うことをやりたくなる」ため、クレームにつながってブランド力を下げてしまいます。

一方で、全員が「緑顕性」だとしたら、決められたことはやるけれど新しい取り組みには慎重になるため、時代の変化に対応することがむずかしくなります。

飲食店で新メニューの開発は「黄色顕性」の人が得意です。

ですが、工場長や店長が「黄色顕性」だと注意が必要です。なぜなら「黄色顕性」は飽きやすく「味をすぐに変えたくなる」からです。

「緑顕性で柔軟性が左寄り」の人が工場長ならば、「決まったことを確実に実行する」ことを好むため、「味を守る」ことが得意です。

「株式会社凪スピリッツ」（「すごい！煮干ラーメン凪」の運営）では、「黄色顕性」の生田《いくた》智《さと》志《し》社長と、「緑」が第２顕性の夏《なつ》山《やま》宣《のぶ》明《あき》工場長が、プロファイルに合わせた役割を担っています。

- **「黄色顕性」の生田智志社長……新規メニューの開発、味の改善**
- **「緑顕性」の夏山宣明工場長…品質の管理、味の均一化**

生田社長は「黄色顕性」で多くのことに関心が向き、味の改良や新メニューの開発が得意です。ですが、「新しいことに挑戦するのが好き」でも、「同じ味をつくり続ける」ことは苦手です。「もっとこうしたほうがいいのではないか、ああしたほうがいいのではないか」と味を変えたくなる。ですから、味を守るのは苦手です。毎回違う味のラーメンを出されたら、お客様は離れてしまう。

一方、夏山工場長は、「緑顕性」で、「決まったレシピを変えない」ことが得意です。同じお客様に、昨日も、今日も、明日も同じ味を提供し続けることができるのは、「緑顕性」で柔軟性が「左寄り」の夏山工場長が手順と製法を守り続けているからです。

「すごい！　煮干ラーメン凪」の味が支持される理由

柔軟性右寄り

生田社長のプロファイル（コンセプト型・社交型）

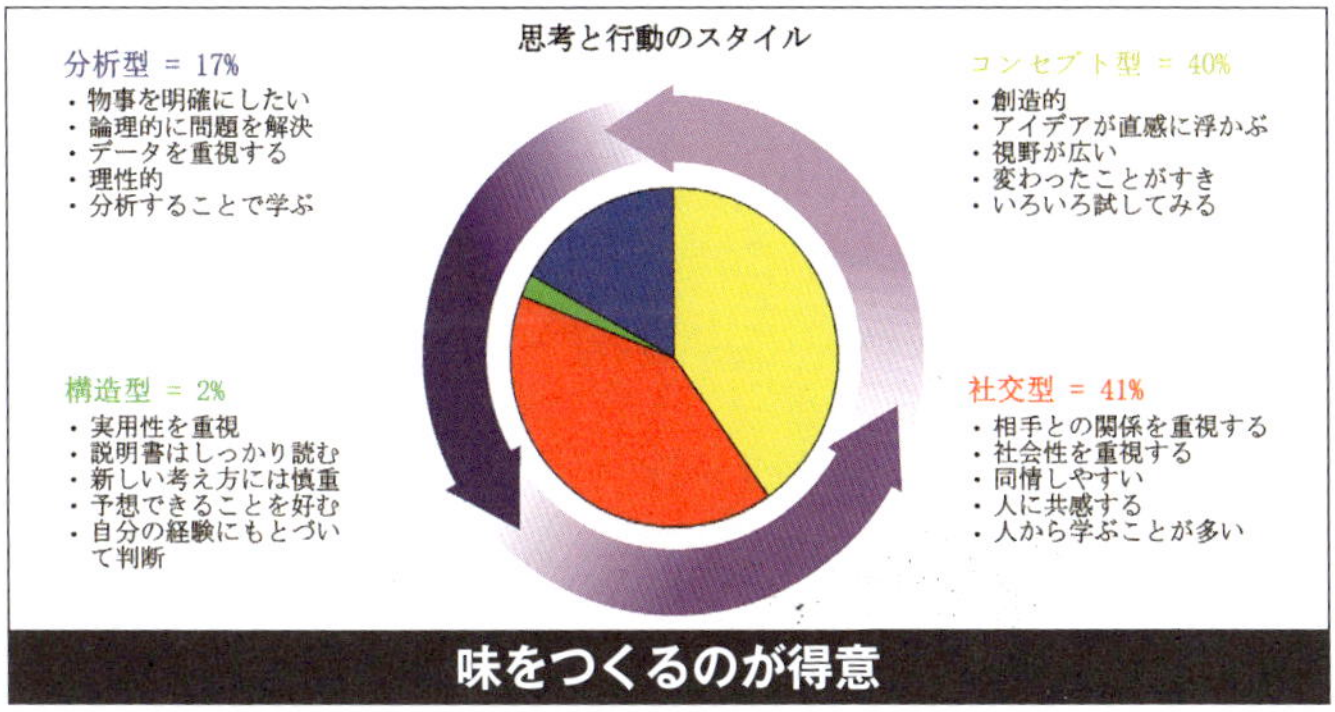
思考と行動のスタイル
分析型 ＝ 17%
・物事を明確にしたい
・論理的に問題を解決
・データを重視する
・理性的
・分析することで学ぶ
コンセプト型 ＝ 40%
・創造的
・アイデアが直感に浮かぶ
・視野が広い
・変わったことがすき
・いろいろ試してみる
構造型 ＝ 2%
・実用性を重視
・説明書はしっかり読む
・新しい考え方には慎重
・予想できることを好む
・自分の経験にもとづいて判断
社交型 ＝ 41%
・相手との関係を重視する
・社会性を重視する
・同情しやすい
・人に共感する
・人から学ぶことが多い
味をつくるのが得意

柔軟性左寄り

夏山工場長のプロファイル（社交型・構造型）

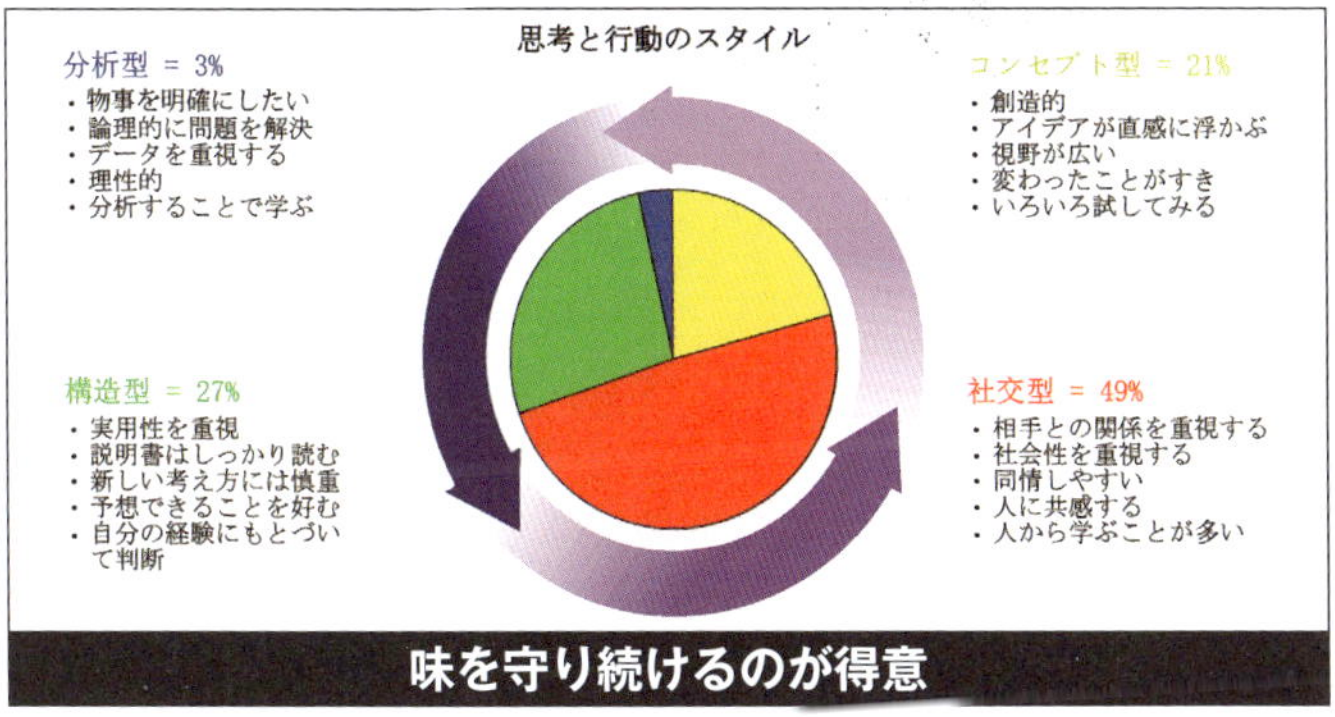
思考と行動のスタイル
分析型 ＝ 3%
・物事を明確にしたい
・論理的に問題を解決
・データを重視する
・理性的
・分析することで学ぶ
コンセプト型 ＝ 21%
・創造的
・アイデアが直感に浮かぶ
・視野が広い
・変わったことがすき
・いろいろ試してみる
構造型 ＝ 27%
・実用性を重視
・説明書はしっかり読む
・新しい考え方には慎重
・予想できることを好む
・自分の経験にもとづいて判断
社交型 ＝ 49%
・相手との関係を重視する
・社会性を重視する
・同情しやすい
・人に共感する
・人から学ぶことが多い
味を守り続けるのが得意

お互い社交型顕性なので、意思の疎通はスムーズ。
コンセプト型顕性の人が新しいことに挑戦し（変化）、
構造型顕性の人が実行し続けるから（安定）、黒字が続く。

武蔵野は、社長の私が「黄色顕性」で、従業員（社員、パート、アルバイト）の80％が「緑顕性」の会社です。

ダスキン事業部の統括本部長・市倉裕二は「緑顕性」です。ダスキン事業は「同じお客様に、同じサービスを繰り返しお届けするビジネス」であり、定型業務を漏れなく遂行することが大事です。劇的な変化は必要ないから、「緑顕性」の市倉は適任です。言われたことをきちんとやるので、安心です。

「黄色顕性」の小山昇が会社に変化を起こし、「緑顕性」の社員が確実に実行する。
「黄色顕性」の小山昇がブランドをつくり、「緑顕性」の社員がブランドを守る。

「市場の変化に合わせて、変わり続けること」と「同じ商品やサービスを安定して供給し続けること」の両立が、武蔵野の強さの秘密です。

新規事業は、4色でプロジェクトを立ち上げる

武蔵野は緑の構造型が全社員（パート含む）の8割

	構造型顕性の人数	（全体）	構造型顕性の占める割合
社員222名	167	222	76%
幹部80名	52	80	65%
パート189名	159	189	85%
社員＋パート	326	411	80%

社員＋パートの平均値

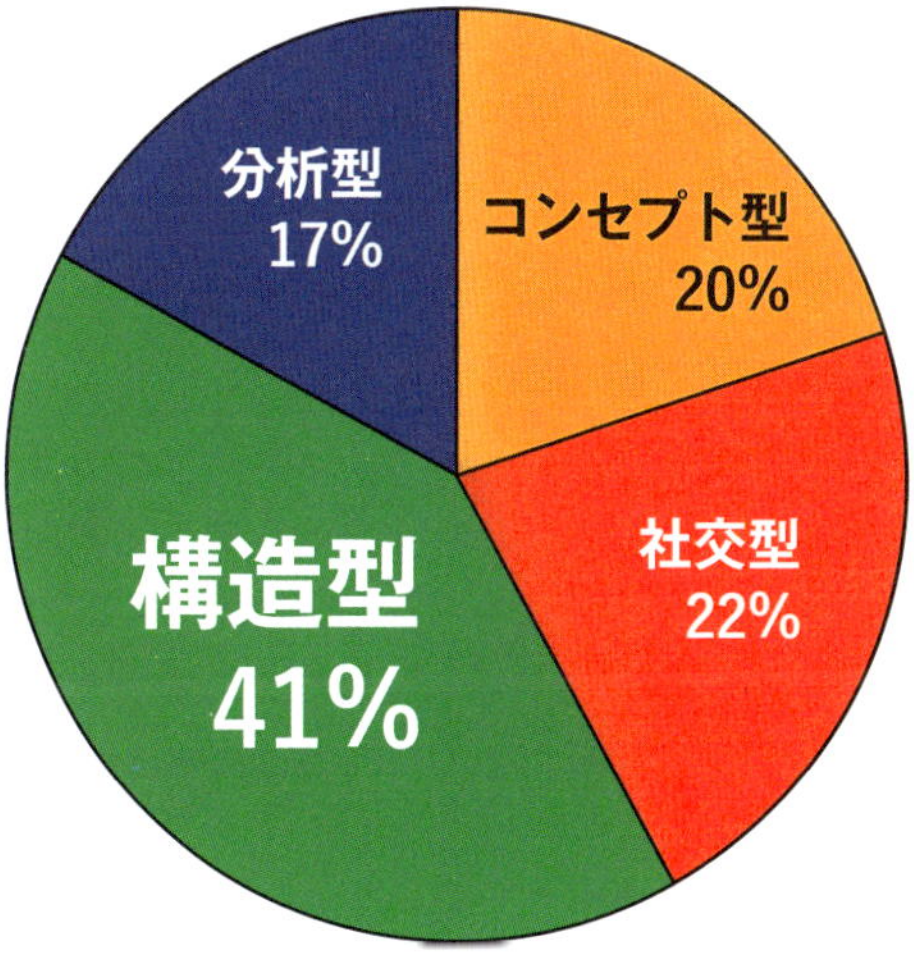

トップが変化に対応でき、社員が安定して
同じ商品・サービスを供給することができる。
プロファイルに武蔵野の強さが表れている。

新規事業に取り組むとき、特定の色があれば、うまくいくことはありません。

新規顧客の獲得であれば、「青顕性」の人は、論理的に考えて、どこにどんなお客様がいるかを分析、予測することが得意です。「緑顕性」の人は、文書化された成功パターンを愚直にやり続けながら、新規顧客を増やすことが得意です。「赤顕性」の人は、人と人のつながり、つまり紹介から新規顧客を獲得することを得意としています。「黄色顕性」の人は、誰も思いつかない独創的な方法で新規顧客獲得に成功することがあります。

「この色が向いている」のではなく、その色に向いたやり方があるだけです。その一方で、4色が揃った状態で新規プロジェクトを立ち上げれば、うまくいく確率は高くなる。

２０１６年１月、斉《さい》木《き》修《おさむ》本部長（黄色・青顕性）をチームリーダーに、丹《たん》智《とも》之《ゆき》部長（赤・緑顕性）、石《いし》橋《ばし》伸《しん》介《すけ》課長（緑・赤顕性）、塚《つか》田《だ》加《か》陽《よ》子《こ》課長（緑・黄色顕性）の４名で新規事業を立ち上げた。経営サポート事業部のお客様増加に対応できなくなり、結果的に、１年で事業を撤退したが、この１年で４人は大きく育った。事業の損失を４人が配属先で頑張って１年で取り戻してくれた。チームのメンバーに感謝です。

思考特性の違う2人を組ませると、新規顧客数を増やすことができる

「2段構えの営業」と「ペア営業」で新規顧客数を増やす

新規開拓をするとき、もし、お客様のプロファイルが事前にわかっていれば、契約率は上がります。

お客様が「青顕性」なら、「青顕性」の社員に商品説明をさせればいい。「青顕性」の社員は、自分と同じ「青顕性」のお客様の特性が理解できるので、「どのように説明をすれば、相手を動かすことができるか」がわかるからです。

一方、「青顕性」のお客様に営業をかけるとき、「赤顕性」で「青潜性」の社員を担当させると、うまくいきません。

赤脳は相手の感情に訴えかけることは得意でも、お客様の青脳に対し、数字を使って論理的に説明することが苦手です。

実際は、お客様の正確なプロファイルはわからないため（相手の言動などから、推測することはできると思います）、武蔵野は**「2段構えの営業」**と**「ペア営業」**で新規顧客数を増やしています。

2段構えの営業

武蔵野の「飛び込み営業」は、基本的に「黄色顕性」あるいは「赤顕性」の社員が行います。

飛び込んだ先のお客様が、「黄色顕性」と「赤顕性」の場合は、相手は「新しいこと」や「人に勧められたこと」に興味を示す傾向があるため、飛び込み営業をした時点で契約をいただけることがあります。

ですが、飛び込んだ先のお客様が「青顕性」「緑顕性」の場合は、1回で契約していただける可能性は低い。「青顕性」「緑顕性」の人は、物事を現実的に判断するからです。

武蔵野の営業は2段構え

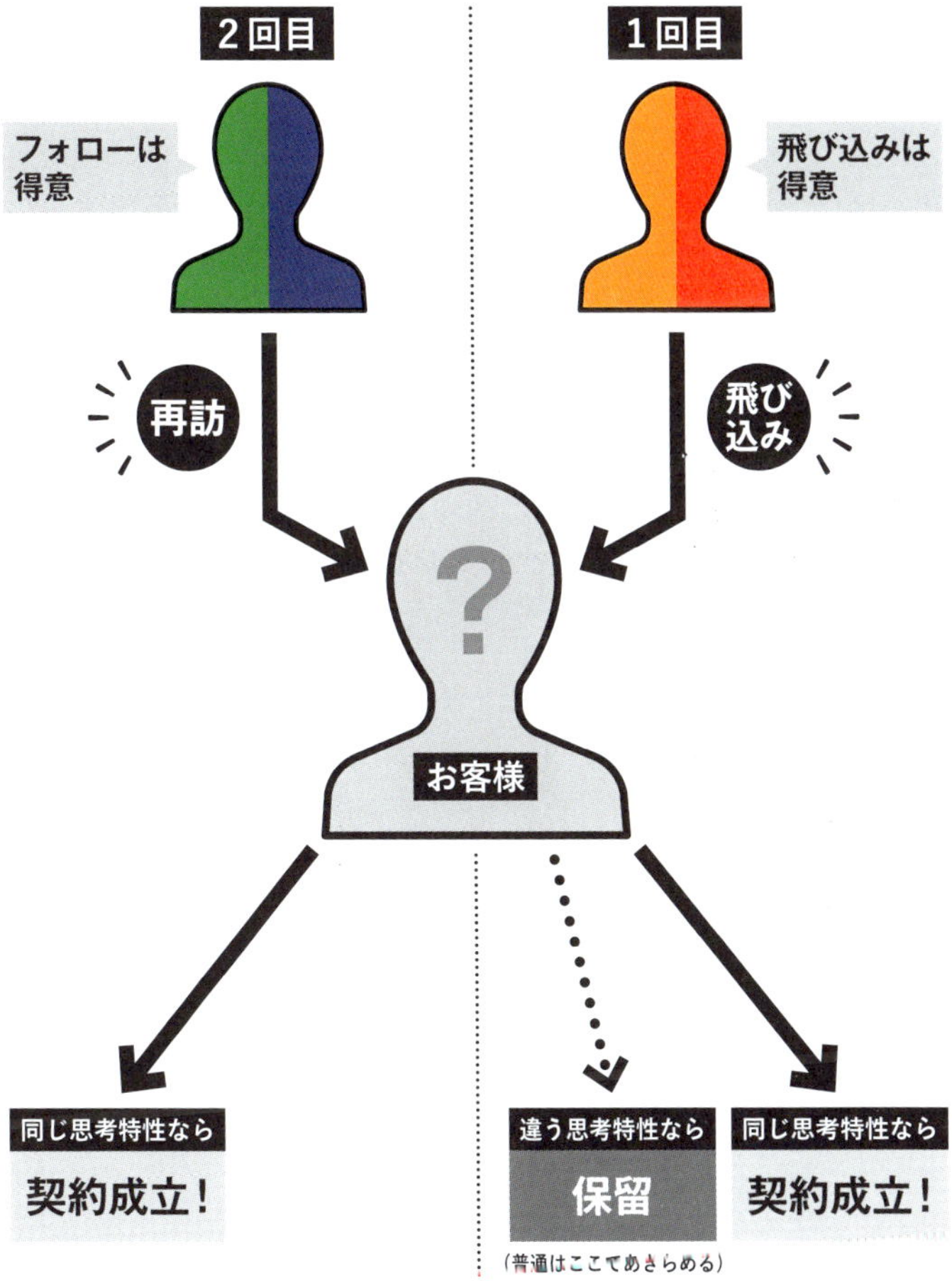

お客様の思考特性がわからなくても、タイプの違う営業マンが訪問することで、お客様に合わせたアプローチができる。

ＥＧを導入していない会社は、飛び込み営業で一度でも「脈なし」と判断すると、再訪することはありません。

ですが武蔵野は違います。

「飛び込み営業がうまくいかなかったのは、お客様の思考特性が青顕性、あるいは緑顕性だったからではないか（飛び込み営業を最初にするのは、黄色か赤の社員）」と考え、今度は「緑顕性」「青顕性」の社員に再訪させます。

説明のしかたを変えることで、「黄色顕性」「赤顕性」の営業マンでは得られなかった手応えを得られることがあるからです。

お客様の思考特性がわからない以上、「4通りのアプローチ」を試してみる。そうすることで新規顧客の獲得率を上げています。

ペア営業

「4通りのアプローチ」をするために、**思考特性の異なる2人の営業マンが「ペア」になる**こともあります。

「黄・赤の2色顕性」の社員と、「青・緑の2色顕性」の社員を組ませて営業を行えば、お客様の思考特性がどのタイプであっても、「お客様に合わせた説明」をすることができるため、契約率が上がります。

経営サポート事業部の営業部本部長、中嶋博記《なかしまひろき》と営業部部長の山崎哲二《やまざきてつじ》は、思考特性と行動特性が大きく異なります。この2人は、**相互補完的な関係にあり、互いに不足している部分を補い合いながら成果を上げています。**

・中嶋博記……緑・黄色顕性
・山崎哲二……赤・青顕性

中嶋は、山崎に対して「数字の分析やデータ収集など、自分が持っていないものをフォローしてもらえる」と感じています。

「お客様を懇親会にお誘いするとき、段取りを組んだり、お客様が喜んでいる姿を見るのは好きなのですが、私自身はコミュニケーションが下手で、とくに女性の前に立つと上がってしまう（笑）。『赤顕性』の山崎の存在は心強くもあり、羨《うらや》ましくもあります。

黄色については、小山と仕事をしたことで広がった気がします。小山とは32年以上一緒に仕事をさせてもらっていて、あかり事業部、エブリネット事業部、経営サポート事業部といった新規事業の立ち上げにも関わらせていただきました。『新しいことに挑戦する』という経験の量が多かったので、黄色顕性の特性に表れたのだと思います。

私は黄色顕性で新しいことをやりたがるのですが、山崎は青顕性で、論理的に私のアイデアを精査してくれます。私のアイデアに見込みがないと判断した場合は、『それはやめたほうがいい』とはっきり進言してくれます。そういう意味では、山崎の意見が私の判断基準にもなっていますね」（中嶋博記）

中嶋は「黄色顕性」で、抽象的な表現をしてしまうことがあります。山崎は、そんな中嶋のことを「会話に主語がない」と不思議に思っていたことがあったそうです。

「EGを導入する前は、『どうしてこの人（中嶋）は主語がないのだろう』とか、『どうして思いつきのような指示を出すのだろう』と不思議に思ったこともありますが、それが中

武蔵野のペア営業

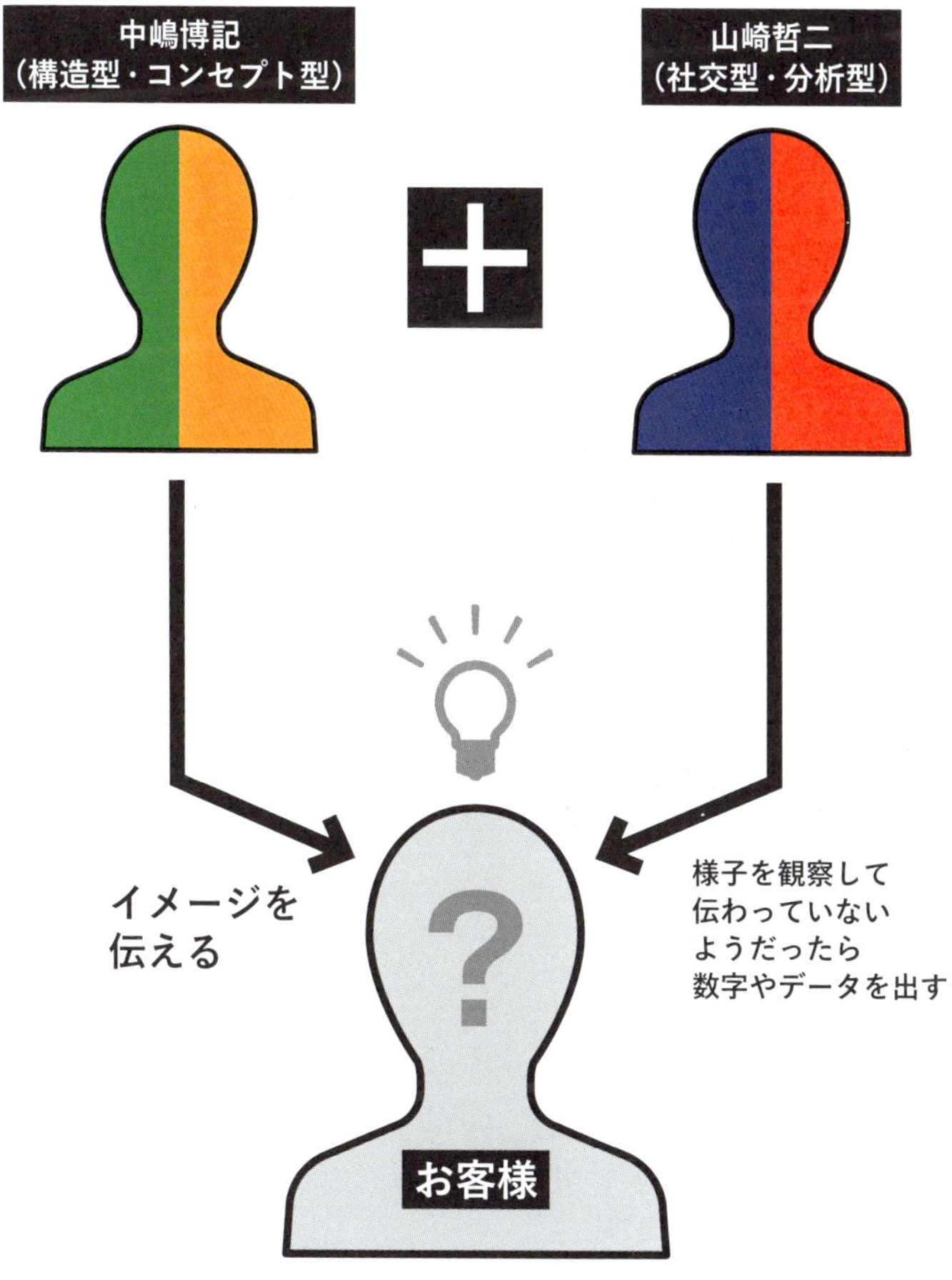

山崎に足りない構造型とコンセプト型を中嶋が、中嶋に足りない社交型と分析型を山崎が補っている。お互いの強みを活かし、弱みを補っているから、あらゆるタイプのお客様に有効なアプローチができる。

嶋の特性だとわかったとたん、腑に落ちて、腹も立たなくなりました（笑）。私が中嶋の言いたいことを理解できたのは、私が青顕性の特性を発揮して、中嶋の発言の内容を論理的に分析していたからだと思います」（山崎哲二）

しかし、山崎なら中嶋の言いたいことを理解できても、お客様が理解できるとはかぎりません。ですから、中嶋の通訳をするのが山崎の役割でもあります。

「黄色顕性の中嶋は、自分の頭の中のイメージを言葉にして相手に伝えていますが、それが十分に理解されていないと思えるときがあります。そこで、私が中嶋と営業同行をするときは、口火を切るのは中嶋で、私はお客様の状況を見るようにしています。

お客様が中嶋の話に納得しているときは、私は口を出しません。反対に、お客様が理解していない素振りを見せたら、私のほうで数字やデータなどを使いながら補足説明をさせていただいています」（山崎哲二）

社員の特性を把握することが、適材適所の第一歩

武蔵野はEG導入前から、社員の特性を把握していた

私は、「会社は、将棋に似ている」と考えています。

将棋には、王将《おうしょう》、金将《きんしょう》、銀将《ぎんしょう》、桂馬《けいま》、香車《きょうしゃ》、飛車《ひしゃ》、角行《かくぎょう》、歩《ふ》の8つの駒があって、敵に攻め込んだり、王将を守ったりしています。

「飛車は、縦、横にどこまでも進める」「角行は、斜めにどこまでも進める」「金将は、斜め後ろ以外、1個ずつ進める」など、駒にはそれぞれ特徴（特性、長所）があります。指し手は、駒の特性を引き出しながら、戦局を有利に展開していきます。

会社も将棋と同じです。

「どの社員が、どのような長所を持っているか」

「今、どの社員を、どのように動かせばいいのか」

がわかっていなければ、ライバル会社に勝つことはできません。

将棋の駒はひと目で特性がわかりますが、「人」（部下）の特性は見た目だけでは判断できません。

部下が「飛車」なのか、「角行」なのか、「桂馬」なのかを見極め、適材適所に配置するのが社長（または管理職）の役割です。

ＥＧ導入後の武蔵野は、社員が「飛車」なのか、「角行」なのか、「桂馬」なのかをプロファイルから判断できるようになりましたが、ＥＧを導入する前から、「ある方法」を用いて、社員の適性を把握していました。

それは、**「単純作業」をやらせてみる**ことです。

ＥＧ導入前の武蔵野では、複数の社員の特性の差を見る手段として「シュレッダー」を使った作業をさせました。

社員にひとりずつ「同じ量」の紙束《かみたば》を与えて、シュレッダーで裁断をさせます。

すると、

「最初から最後まで、淡々と、同じペースで裁断する」

「早く終わらせようとして、紙の長辺から差し込んでみたり（＝裁断距離が短くなるので早く終わる）、何枚もまとめて紙を流し込ませて詰まらせる」

など、その人の考え方や行動パターンが端的《たんてき》に表れます。

● 淡々と、同じペースで裁断する人……根気強く、決まったことは変えずにやる

与えられた仕事を確実に、着実にこなそうとする（**緑**顕性で、柔軟性・自己主張性は左寄りの可能性が高い）。

ただし、「どうすれば早く仕事が終わるのか」を発想することはあまりしない。

●「早く終わらせよう」として工夫をする人……改善活動を得意としている

効率を重視・ムダが嫌い（**青**顕性で、自己主張性は右寄りの可能性が高い）。

ＥＧのプロファイルを見れば、社員の特性は一目瞭然です。しかし、プロファイルを使わなくても、「シュレッダー」など、誰でもできる簡単な作業から、社員の特性を推測することができます。

どの部下にもそれぞれ違った特性があります。各自の長所を見極め、ふさわしい仕事を与えれば、強い組織をつくることが可能です。

「それなりの人材」でも、優秀なチームをつくることができる

WE《ウィ》チームは、あらゆる種類のプロファイルを揃えた集団

わが社は、いわゆる「優秀な人材」を採用しません。飛び抜けて優秀な人がいると、他の社員が落ち込んで、やる気を失ってしまうからです。当人も周囲とペースが合わず、ストレスを溜めてしまう。

そもそも私は、飲む、打つ、買うが大好きで凡俗《ぼんぞく》にまみれた身ですから（笑）、「優秀な人材が武蔵野に入社してくれるはずはない」と考えています。

中小企業は、「優秀な人材」を採用するのではなく、**「それなりの人材を集めて、優秀な**

チームをつくる」のが正しい。

「優秀なチーム」とはどのようなチームのことか、

「個々の特性を活かして、補完し合うチーム」

のことです。

「**青**顕性」「**緑**顕性」「**赤**顕性」「**黄色**顕性」の思考特性を持つメンバーを集めてチームをつくれば、すべての特性を網羅《もうら》できるので、相互補完的な関係を築くことができます。

EGでは、あらゆる種類のプロファイルを揃えた集団のことを、

「WE《ウィ》チーム」

と呼びます。

WEチーム……EGの各スタイル・特性がすべて揃った集団のこと

チームの規模は大きくても小さくてもかまわない。チーム内に4つの思考特性が揃っていると、幅広い角度からビジネスにアプローチできる。3色もしくは4色顕性が1人以上いることが望ましい。

・青顕性（分析型）がチームに貢献できること
……論理的分析、戦略立案が得意
・緑顕性（構造型）がチームに貢献できること
……具現化する。プロセスの明確化、問題提起が得意
・赤顕性（社交型）がチームに貢献できること
……グループの和を保つことや、人のことを察するのが得意
・黄色顕性（コンセプト型）がチームに貢献できること
……アイデアを思いついたり、難問を解決するために飛躍的な考え方をするのが得意
・3色顕性、4色顕性がチームに貢献できること
……複数の思考特性を持ち合わせているため、メンバー間の通訳をするのが得意

月平均76時間あった残業が、13時間に減った理由

生地《きじ》は、縦糸と横糸を組み合わせて織《お》ることで、耐久性が生まれます。

会社も同じです。会社は、事業部が縦糸です。多くの会社は縦糸だけしかないので弱い。

しかし、武蔵野には横糸がある。

部門を横断して改善を進める「社内チーム」です。チームメンバーは、わが社の各事業部から部門横断的に集められます。

全8チームある社内チームの中で、早帰りに取り組むのが、「早帰り推進チーム」です。「早帰り推進チーム」が発足したのは2014年です。早帰り推進チームは、普段の仕事の中でできる改善提案を行っています。

このチームの中心メンバーは、常務取締役の滝《たき》石《いし》洋《ひろ》子《こ》、経営サポート事業部長の久《く》保《ぼ》田《た》将《まさ》敬《たか》、ダスキン事業部課長の遠《えん》藤《どう》智《とも》彦《ひこ》の3人です。

滝石洋子の思考特性は「緑・黄・赤」、久保田将敬は「黄・青・赤」、遠藤智彦は「青・緑」が顕性であり、この3人は、互いに補完し合うWEチームになっています。

「早帰り推進チーム」が短期間で大きな成果を上げたのは、メンバー同士が補完関係にあり、「自分の得意」に注力することができたからです。

WEチームをつくれるほどの人数が確保できないときは、**チームに欠けている思考特性**

早帰り推進チームはWEチーム

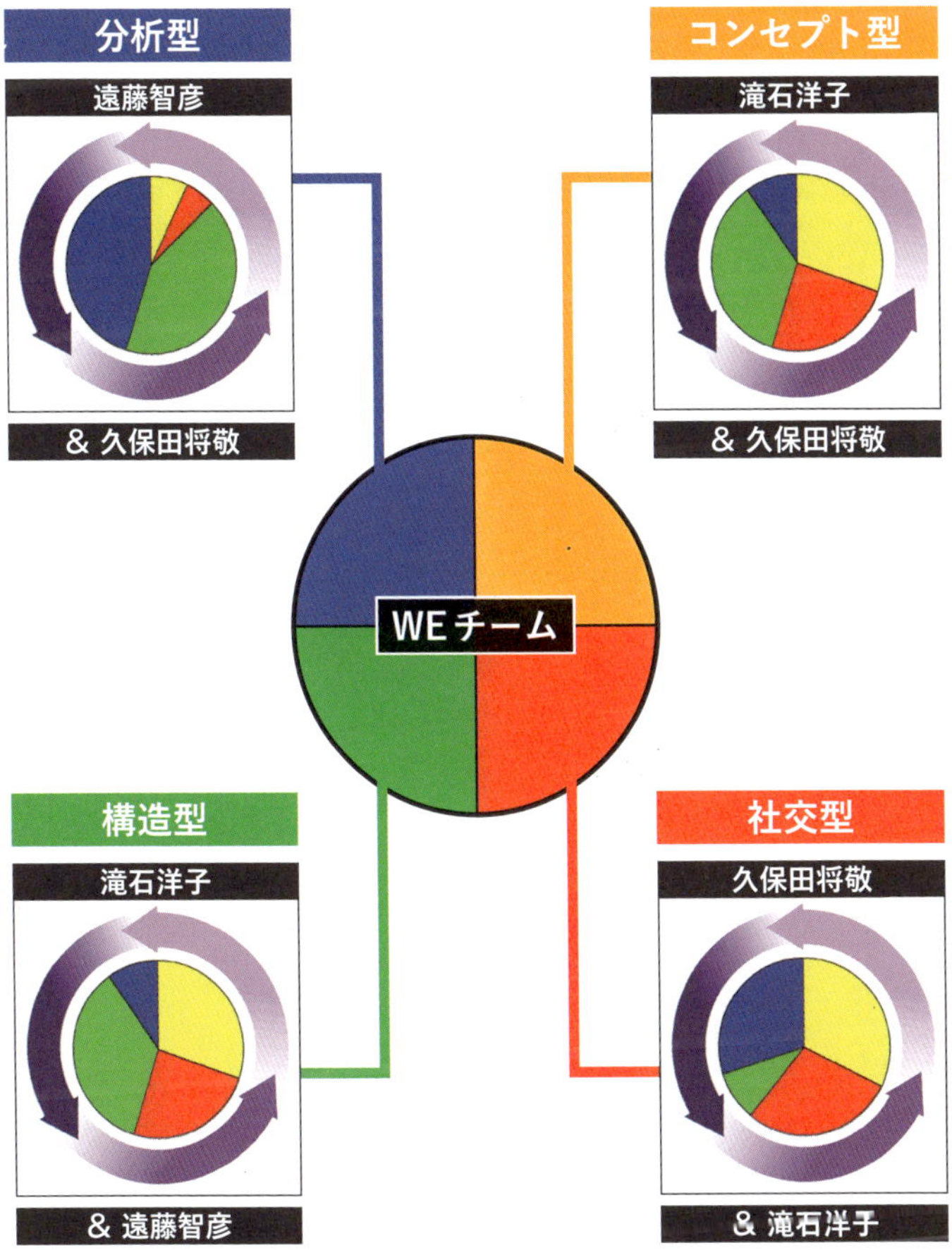

チーム内に４つの思考特性が揃っているため、
お互いに補完し合いながら、得意なことに注力できる。
だから、残業時間が76時間から13時間に減った。

に一番近い人に、その穴を埋めるように努力してもらう。

「iPad活用チーム」は、経営サポート事業部の統括本部長、猿《さる》谷《たに》欣《きん》也《や》が「青・黄」、ホームインステッド事業部課長の櫻《さくら》田《だ》和《かず》久《ひさ》が「緑」、サービスマスター事業部課長の三《み》好《よし》寛《かん》平《ぺい》が「黄」で、WEチームになるには、赤顕性が足りなかった。

赤顕性のメンバーがひとりもいないときは、そのチームの中でもっとも赤の割合（パーセンテージ）が多い人が社交型の役割を意図的に担って、赤の思考特性を補完します。「iPad活用チーム」の櫻田は赤顕性ではなかったが、社交型が20％あったので（23％で顕性になります）、3人の潤滑油となる働きをした。それによって、「iPad活用チーム」も短期間で大きな成果を上げることができました。

みんなで補う「相互依存」のチームをつくる

「株式会社プリマベーラ」（リサイクルショップ）の吉《よし》川《かわ》充《みつ》秀《ひで》社長は、経営計画書や店舗にプロファイルを貼り出し、相互理解を進めた結果、「社内のWEチーム化が進んでいる」と実感しています。

吉川社長のプロファイル（赤・黄、中・中・中）

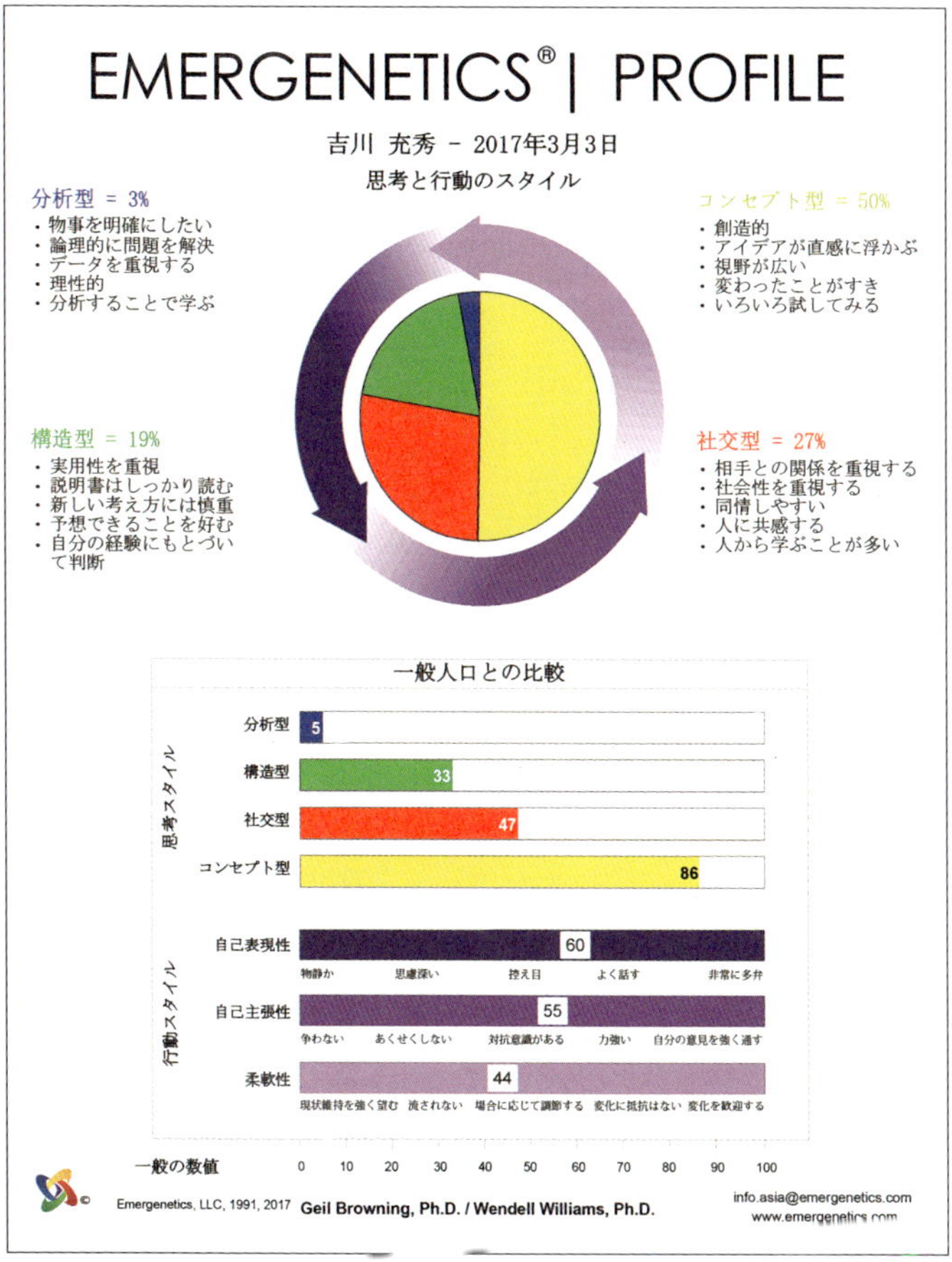

「新しいことをみんなでやりたい」と考える思考特性を持つ。行動特性はすべて真ん中付近にあるため、そのときの空気を読みながら、思っていても言ったり、言わなかったり、時と場合によって異なる行動をとる。

「プロファイルを公開して、その個人のトリセツ（取扱説明書）として位置付けています。プロファイルを公開したことでＷＥチーム化が進み、『青顕性』『赤顕性』といった言葉が社内の共通言語となり、『自分は青顕性だから、この部分は自分がやる。彼は赤顕性だから、この部分は彼にお願いする』といったように、『得意なところは伸ばす、苦手なところは他の人に補ってもらう』組織になりつつあります。

お互いが長所も短所も把握することによって、みんなで補い合う、いい意味での『相互依存』ができるようになってきました。

自分や他人の長所が見つけやすくなったおかげで、『長所を見つけ、ほめ伸ばそう』という会社の方針が実現できている印象です」（吉川充秀社長）

EGのプロファイルを人事異動に活用する

武蔵野が頻繁に人事異動を行う5つの理由

私は、頻繁に人事異動を行います。普通の会社は、期末や、半期決算の時期などに人事異動を行いますが、わが社は、ほぼ毎月、人事異動があります。

5年以上、同じ部署で働くことはありません。営業系の若手社員は、ひとつの職場での在籍期間を3年、事務系は5年として他の部署に転属させています。

目先の利益を追求するのであれば、実績を挙げている社員を動かす必要はない。しかし、人の流れが滞《とどこお》ると、社内の空気が淀《よど》み、活気がなくなります。

大規模な人事異動を行うと、組織の欠点が明確になり、一時的に現場は混乱するが、組織を活性化させるためには、人事異動で会社を変化させる必要があります。

【人事異動のメリット】

①無理・無駄・ムラがなくなる

同じ仕事を長く続けていると、業務が風景になり、客観性を失う。

しかし、人事異動をすると、新しいやり方で仕事に取り組むようになり、これまで慣例だった職場の無駄や、非効率なプロセスを見つけることができます。

②仕事に人がつく

「この件は、○○さんに聞かないとわからない」「あの仕事は、△△さんでないとできない」といったように、「人に仕事がつく」と、ブラックボックス化して不正の温床《おんしょう》になりかねません。

ですが、人事異動を繰り返すと、「人が変わっても、サービスの質が変わらない」で均一な状態をつくることができます。

③ひとりの上司の固定的な評価から逃げることができる

人事異動がないと、無能な管理職が幅を利かせることになります。長くその部署に置いておくと、「幹部」が「ガン部」になる。

④新しいことに挑戦できる

同じ部署に長くいると、「自分は仕事ができる」と錯覚します。また、過去の体験にしがみつき、変化や失敗を恐れるようになる。

環境を変え、新たな体験をすることで、社員の成長をうながすことができます。

新しいことをやれば、必ず失敗します。でも、「失敗とは、自分のキャパシティーを広げること」であり、「実力とは、失敗の数」です。

新しい部署で新しい仕事をする。経験がないから失敗をする。「なぜ失敗したのか、どうすれば次はうまくいくのか」を考え、改善する。こうして人は成長します。

⑤あらゆる業務のダブルキャスト化が実現する

積極的な人事異動を実行すると、あらゆる業務のダブルキャスト化が実現します。ダブルキャストで、同じ役をこなせる人を2人用意しておく。

わかりやすくいえば「代役」です。

代役がいれば、社員が病気などで休んでも作業が止まることはありません。滞っている作業に応援を出すこともでき、時間短縮も可能です。現在はトリプルキャスト化が実現している部署もあります。

人事異動を成功させる「4つ」のポイント

わが社に、いわゆる「人事部」はありません。人事部は、社員の表面的な部分しか見ることができず、会社全体・社員全体を把握することができません。そのことに気がついた私は、10年以上前に人事部を廃止しました。

新卒・中途採用や、昇給・昇進などにまつわる事務手続きや各種査定は、人事部の代わりに「総務部」や「採用部」が担当しています（2～3年で担当が全員かわる）。


【武蔵野の人事異動の基本方針】

①人事の最終決定は社長が行う

必要に応じて、幹部数名に「人事異動案」をつくらせ、彼らの意見を踏まえながら、最終的に社長の私が決定しています。

②「成績の良い人」を中心に人事異動をする

「職場のナンバーワン、あるいはナンバーツー（成績の良い人、昇格した人）」を中心に異動させます。

普通の会社は、「仕事ができない人」を動かします。しかしわが社は、「仕事ができる人」ほど、頻繁に異動します。専務取締役の矢島茂人《やじましげと》は、「入社後の10年間で9回」異動しています。

ナンバーワン、ナンバーツーを動かすと、「2・6・2の法則」（集団が形成されると、上位2割、中位6割、下位2割の割合で3つのグループに分かれる。上位2割がいなくなっても、残りの8割に優劣が生じて、再び2・6・2の割合に分かれると考えられている）によって、下の人たちが成長し、常に組織が活性化します。だから層が厚くなる。

ナンバーワン、ナンバーツーが抜けないと下が伸びない。下を伸ばすためにも、上を異動したほうがいい。

③人事異動を拒否した場合は、評価を下げる

人事異動の回数を評価しています。社員が、人事異動（または出張）を拒否した場合は、評価を下げます。

人事異動は社長の権限だから、社員は拒否できない。その代わり、人事異動に応じた回数が多いほど、高い評価を与えます。

④同等の力を持っている人同士で組織をつくる

上司が優秀すぎると、部下はやる気をなくします。同じように、部下の実力が上司よりありすぎても、部下はやる気をなくします。

上司と部下の間に実力差がありすぎる場合、

- **仕事ができない部下は、仕事ができない上司の下に配属させる**
- **仕事ができる部下は、仕事ができる上司の下に配属させる**

と、個人も組織も活性化して業績が上がります。

多くの社長は、「仕事ができない部下は、優秀な上司の下に配属させたほうが成長する」と考えますが、「優秀な上司には優秀な部下をつける。仕事ができない上司には仕事ができない部下をつける」のが正しい。

なぜなら、同等の力を持っている人同士で組織を構成したほうが、切磋琢磨しやすいからです。

仕事が合っていないなら、「得意な仕事」ができるように異動する。上司と部下の実力差がありすぎるなら、上司を変える。

こうすることで、伸び悩んでいる社員の成長をうながすことができる。

⑤抜けた穴には、ナンバーワン（ナンバーツー）と同じ特性の人材を入れる

ナンバーワン、ナンバーツーが抜けた穴を埋めるには、どのような人材が適しているかというと、抜けた「ナンバーワン（ナンバーツー）と同じ特性を持つ人（似たプロファイルを持つ人）」です。

思考特性が「黄・赤顕性」で行動特性が「3つとも右寄り」の人材が抜けたのなら、新しくその部署に配属する人材も、思考特性が「黄・赤顕性」で行動特性が「3つとも右寄り」の人を選ぶ。

すでに結果を出している人と同じ特性を持つ人なら、結果を出しやすい。

反対に、「この部署にいると結果を出せない」「別の部署に行ったほうがその人の特性が活きる」といった理由で人事異動をさせる場合は、**抜けた人と「顕性である脳が異なる人材」を異動させます。**

思考特性が「黄・赤顕性」で行動特性が「3つとも右寄り」の人材が結果を出せずに異動するのであれば、抜けた穴に、思考特性が「緑・青顕性」で行動特性が「3つとも左寄り」の人材を当て込むと、チーム力が向上する可能性があります。

なお、本書冒頭のように（6ページ）、同じ色が顕性のメンバーだけでチームを構成すると雰囲気は良く、短期的にはいいが、長期的には伸び悩む。目指すべきはWEチームです。

プロファイルを参考に、社員の特性に合わせた組織をつくる

「株式会社橋《はし》文《ぶん》」（靴・履物卸小売、スクール用品・作業用品販売）の橋《はし》本《もと》博《ひろ》文《ふみ》社長は、人事異動や組織内の活性化を図るためにEGを活用しています。

橋本社長のプロファイル（青・緑・赤、中・左・左）

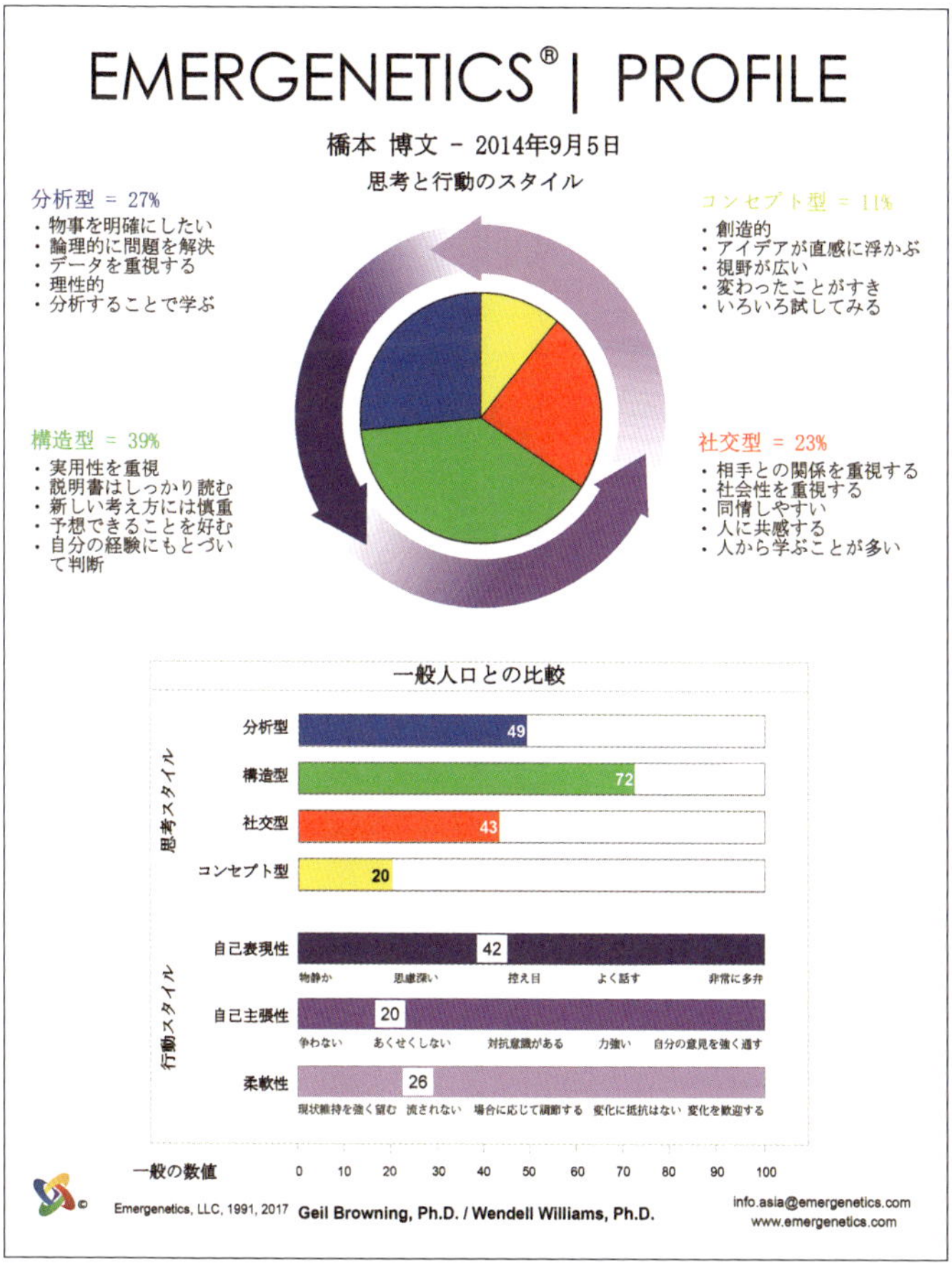

みんなで、きちっと、無駄なくやりたい思考特性。黄色潜性なので、新しいことをしたいとは強くは思ってはいない。柔軟性は左寄りだが、EGに取り組んだのは、「賀川CEOに言われたら無条件にやる」と緑脳で決めているから。

「社員の思考特性と行動特性を知ることによって、それぞれの長所を活かした組織ができると考えています。

全社的にプロファイルを公開することで、『人間関係がギクシャクしていた理由』や不満要因を確認できましたし、会社が社員に求めていること、社員が会社に望んでいること、社員の得意、不得意などが明らかになって、社員の特性を活かした組織体制をつくれるようになりました。

また、社員の心の中には『**不得意な業務にもチャレンジして自分を変化、成長させたい**』**という思いも芽生えてきている**気がします」（橋本博文社長）

協力会社にもEGを受けてもらうと、仕事のスピードがアップする

協力会社の社員のプロファイルは取ることができる

新規顧客のプロファイルを取ることはむずかしい。ですが、協力会社（取引先やビジネスパートナー）のプロファイルを取ることは可能です。

「株式会社EGIJ」の賀川正宣CEOは、**「協力会社にEGを受診してもらうと、ビジネスのスピードが早くなる」**と話しています。

「建築会社の『A社』では、協力会社（外注している専門工事業者）の社員にもEGの導入をお願いしています（研修コストは『A社』が負担）。

相手の担当者が『緑顕性』だとわかれば、『一度ルールを決めてしまえば、あとはきちんと仕事をしてくれるから安心だ』とわかりますし、協力会社に『緑顕性』の社員が少ないとしたら、『こちらできちんと舵取りをして、細かく進捗状況をチェックしたほうがいい』といった対策を取ることができます。

協力会社の社員のプロファイルを見れば、『どのようにコミュニケーションを取れば仕事が円滑に進むか』がわかり、時間短縮になります」（賀川正宣ＣＥＯ）

「株式会社ダイレクト」（ゴルフ場に特化したセールスプロモーション）の定《さだ》本《もと》康《やす》敬《ゆき》社長は、ＥＧをお客様とのコミュニケーションにも活用しています。

「重要なクライアントの担当者には、プロファイルだけ取っていただいています。そして、お客様のプロファイルに合わせて、『どうすればスムーズに仕事を動かすことができるのか』といった対応を工夫しています。

当社の社員の中には、『何であのお客様は、あんなに怒るのだろう』『自分は、お客様に嫌われているのではないか』と、お客様とのコミュニケーションに自信をなくしている社員もいましたが、お客様のプロファイルがわかったことで、『青顕性のお客様が論理的に伝えてくれていたのに、自分は青潜性だったから、そのことに気がつけなかった』といったことが理解できるようになり、お客様との関わり方が変わってきました。

プロファイルを取っていないお客様に対しては、『このような発言をするから緑顕性かな？　だったら、こういう説明をしたらどうだろう？』『いつもこんなふうに強く言ってこられるから、たぶん、行動特性はこうじゃないだろうか？』など、**お客様の特性を想定しながら接する**ようにしています」（定本康敬社長）

第4章

新卒採用に活用して、ほしい人材を逃さない

新卒採用にEGを導入し、「価値観の合う人材」を見つける

新卒社員の在籍率が高い理由

厚生労働省が発表した「新規大学卒業就職者の事業所規模別離職状況（2016年3月卒）」によると、2016年4月に入社した新卒社員の「1年目までの離職率」は、「11・3%」です。

この数字は、大企業も中小企業も含んだ平均であり、事業所規模別に見ていくと、規模の小さい会社（従業員数が少ない会社）ほど、離職率は高くなっています。

【事業所規模別離職状況】

・5人未満……………30・3%
・5～29人……………22・0%
・30～99人……………15・5%
・100～499人……………11・5%
・500～999人……………9・5%
・1000人以上……………7・1%

武蔵野の1年目社員の離職率は、他の中小企業に比べるとこれまでも低かったが、それでも、2013年度は、19人採用して3人が1年未満で辞めていきました。

ですが2014年度以降、1年未満で辞める社員は「事業所規模別離職状況」の平均以下です。

【武蔵野の1年未満で辞める社員の人数】

・2013年度……採用人数19人　離職者3人
・2014年度……採用人数15人　離職者1人

・２０１５年度……採用人数25人　離職者３人
・２０１６年度……採用人数20人　離職者０人
・２０１７年度……採用人数26人　離職者０人

また、1年目社員にかぎらず、武蔵野に新卒で入社した社員の在籍率は高く、2002年には86％だった離職率は、現在「15％」。わが社は、「85％の新卒が残る会社」です。

仕事ができる、できないより気が合うか、合わないかで採用を決める

わが社の離職率が低い（在籍率が高い）のは、経営計画書に「採用に関する方針」を明記して、「価値観を共有できる人を優先して採用している」からです。

【経営計画書　採用に関する方針】（新卒に関する項目のみ一部抜粋）

1　基本

（1）価値観を共有できる人を優先して採用する

（2）現実・現場・現物を数多く体験させ、良いところ、悪いところを見せる
（3）反社会的勢力に属していないかを確認するため、履歴書を総務に送る

2 採用基準・採用規定

（1）新卒
①新卒の学歴や成績は参考程度にしか評価しない
②3年以内に転職を考えている人の採用はしない

7 目標

（1）新卒採用　○名（※採用目標人数を経営計画書に明記しています）
（2）入社1年以内退職者0を目指す

武蔵野は、能力よりも、価値観（考え方）の共有を重視しています。

平たく言えば、「仕事ができる、できないではなく、気が合うか、合わないかで採用を決める」です。

能力のある社員を集めても、価値観が揃っていなければ、組織はバラバラになります。

価値観が揃っていると、同じ優先順位で行動できるため、個々の能力が劣っていても、強

い組織をつくることが可能です。

高校野球の名門校で、1年のときからレギュラーを取っていた選手がいます。この選手が転校して、甲子園予選で万年1回戦負けの弱小高校の野球部に入部すると、転校してきた生徒も、弱小高校の生徒も、どちらもやる気を失います。

なぜなら、「レベルが違いすぎる」からです。会社も同じです。会社のレベルよりも優秀な人材を採用すると、やる気をなくして辞めてしまいます。

わが社がはじめて新卒社員を採用したときのことです。

4月1日から1カ月間、十数人の新人にみっちりと社員教育をしたが、私に新人教育のノウハウがなかったから、行き当たりばったり。その結果、3カ月後には、新卒社員の8割が辞めた。

新卒社員が辞めたのは、私の責任です。当時、武蔵野に入社した新卒社員の多くは、おそらく、こう思っていた。「武蔵野なら、学生時代と同様に遊んでいられるだろう」。

それなのに私は、1カ月間、受験勉強よりも濃密な勉強を彼らに課した。「ラクして給料をもらおう」と思っていた彼らにとっては、寝耳《ねみみ》に水《みず》。「やってられるか」と嫌気がさすのも当然です。

それ以来、私は、「辞めない人材を採ろう」「辞められないようにに新人をきちんとフォローしよう」と工夫をしています。そして、能力よりも価値観が同じであることを重視した採用に切り替えた。

武蔵野は、環境整備、早朝勉強会、上司との面談、創業者のお墓参りなど、社員が面倒がる義務がたくさんあります。こうしたわが社の文化を違和感なく受け入れられる人材だけを採用することにしています。

新卒採用にもエナジャイザーとEGを活用していますが、エナジャイザーのフィードバックレポートとEGのプロファイルを両方見ることで、「武蔵野に合った能力」「武蔵野の社員にふさわしい思考特性・行動特性を持った人」を見極めることができます。

離職率が低いのは、**採用の段階からエナジャイザーやEGといった分析ツールを活用して、「辞めそうもない人材」を採用しているから**です。

EGを採用に活用するときの「落とし穴」

採用でEGを活用するとき注意したい2つのこと

強い組織をつくるうえで、一人ひとりの特性を活かすEGの活用は有効ですが、採用における活用は注意が必要です。注意点は、次の2つです。

①内定者のプロファイルが採用担当者の特性に偏る傾向がある
②そもそも、正しいプロファイルとはかぎらない

①内定者のプロファイルが採用担当者の特性に偏る傾向がある

ＥＧ研修を受講すればよく理解できると思いますが、顕性の色が同じ人同士は、話が合います。

すべてを言わずとも、言いたいことが伝わるため、自分と色が同じ人は優秀に見えたり、いい人に見えたりします。

同じように、**人事担当者（面接担当者）から見ると、自分と似たプロファイルの応募者は優秀に見えるため、合格率が高くなってしまいます。**

多くの企業の社員構成で「わが社は緑顕性の率が高い」「赤顕性が50％を超える」など、特性に偏りが見られるのは、採用に関わる人のプロファイルと近いプロファイルの人が採用プロセスを通過している確率が高い。結果的に採用担当者と似たプロファイルの人が社内にあふれてくるのです。

武蔵野の内定者の特性が、緑顕性が85％、赤顕性が92％、青顕性が12％となっているのは、採用チームのメンバーが全員緑・赤顕性で、青が潜性だからです。

採用チームは、緑や赤を顕性とする人を見ると「優秀だ」と感じたり、「いい人だ」「素直な人だ」と感じたりします。一方、青顕性を見ると「面倒くさい人」「冷たい人」「素直でない人」と感じたりします。その結果、二次面接、三次面接と採用プロセスを進めていけるのは、緑や赤を顕性としている就活生が多くなる。

組織は多様な人材が集まっているのが理想で、こうした特性に偏りのある採用は避けるほうが望ましい。そこで、採用担当チームを、さまざまな特性が混じっているWEチームでつくれば、こうした問題を回避できます。

WEチームで就活生の合否を議論すると、意見が分かれることも多いでしょう。ある特性からは優秀に見えても、ある特性からはダメな人に見えることがあるからです。「私の緑脳が○○さんを××と評価します」「それは○○さんの青脳が嫌なんですよね」といった具合に話をしていくことで、「普通」の違いがあるということを前提とした、多様な評価ができるようになる。

また、そうした多様な意見を個人情報として採用プロセスに携わるすべての人で共有すると、自分の「普通」で見落としていた就活生の才能に気づくことができます。

さまざまな特性がいる採用チームは、さまざまな就活生にアピールすることができます。自分と似たプロファイルの人とは共感が得やすいからです。

②そもそも、正しいプロファイルとはかぎらない

多くの社長は、採用プロセスの一環として、就活生にプロファイルを取得してもらいたいと考える。しかし、これはあまりおすすめしません。

なぜなら、就活生は内定をとりたいと思っているので、採用の過程でアンケートに答えるとき、本来の自分ではなく、「こうあるべき」「こう回答したほうが内定をもらえるのではないか」と考えて、自分の本心ではない嘘の回答をする人が非常に多いからです。

EGのプロファイルは22歳を超えると劇的に変わることは滅多にありません。しかし、内定前にプロファイルを取った場合、入社3カ月後にプロファイルを取り直すと、まったく異なる結果になる事例が後を絶ちません。その理由の多くは、**採用プロセス中に取得したプロファイルは、内定をとりたいために「いい格好」をしたもので、嘘のプロファイルであるため**です。

そもそも、プロファイルを理由として合否判定をすることは、欧米では差別とされます。特性は、人種、性別、身長、出身地等と同じカテゴリーに属するものであって、能力とは関係がないからです。

米国のエマジェネティックスインターナショナルでは、採用でＥＧは使えないと断言しています。ＥＧは好みや傾向はわかっても、能力はわからないからです。能力がわかるツールは、エナジャイザーです。

就活生のプロファイルを取得し、活用するのは、内定を出したあと、これで不合格になることはないと就活生が安心できる環境をつくり、きちんと説明をしてからです。

本来の自分の自然な意見でアンケートに答えてもらえば、その人本来のプロファイルを得ることが可能です。

内定通知を出したあと、個々のプロファイルの特性に合わせたコミュニケーションを取り、ロイヤリティを上げていく手法が効果的で、内定辞退者減に大きな成果を上げることができます。

内定辞退者を減らすには、内定者に合わせた個別対応が不可欠

内定承諾後の辞退を減らす取り組み

武蔵野は、入社後の退職者だけではなく、学生の「内定辞退」も少ない。就職情報大手のリクルートキャリアは、「内定辞退率」は約6割だと発表しています（2017年10月）。2017年度（18年入社）は、31名内定を出して、5名の辞退。内定辞退率は16％です。中小企業で内定辞退がこれだけ少ないのは、超異常です。

昨今では、採用の早期化によって、内定期間は最長で1年にもなろうとしています。内定者は時に不安を感じ、10月1日の内定式で「この会社で本当に良いのだろうか」とブルーになり、内定がなかった学生も「この先、大丈夫か」とブルーになって、気持ちは揺れ

る。そのまま放っておくと、内定辞退に発展しかねません。

そこで私は、内定者教育に力を入れています。内定者は、「環境整備研修」「ビジネスマナー研修」「実行計画作成研修」「セールス研修」「内定者実践塾」「インターンシップ（社長のかばん持ち）」「給料体系勉強会」など、さまざまな勉強会に参加します。

入社前から「武蔵野の現実、現場、現物」を見せ、体験させておけば、早い段階から価値観が揃ってくる。また、入社前と入社後のギャップがなくなるため、入社後の離職率を下げることができます。

EGのプロファイルを使って内定者をフォローする

内定者の気持ちが「このまま、武蔵野に就職してもいいのだろうか」と揺れてきたときは、内定者の特性に合わせたフォローをします。

経営サポート事業部の玉《たま》井《い》賢《さと》司《し》課長が内定者だったとします。

玉井は「黄・緑顕性」です。

内定期間中に玉井の気持ちが揺れてきたら、**玉井と同じ思考特性が顕性である社員（黄**

か緑が顕性である社員）に玉井をフォローさせます。

大場《おおば》はるか課長（経営サポート事業本部・運営部）は、「緑・青・赤顕性」なので、玉井の「緑顕性」を理解できます。また、大場はるかは行動特性が「真ん中」で、相手に合わせた会話をします。

同じ思考特性が顕性だと、会話に違和感がありません。大場が自分自身の就活時代を振り返りながら話をすれば、玉井に共感されやすい。お互いが「緑顕性」だからです。

「緑顕性」の玉井に、「武蔵野はキミを必要としているんだ！」と赤脳で熱く情に訴えかけても、「武蔵野の給与体系や人事評価はこうなっているので、こうなると、賞与が2倍になる」と青脳を使って数字で説明しても、彼の心はそれほど動かない。

「緑顕性」は現実的な思考で、「武蔵野には、経営計画書があるので、公平性が高い」「年間計画が決まっているので、スケジュール通りに進む」「定型業務をきちんとこなす人材を評価する」といったように、「方針やルールが明確になっている会社であること」を伝えたほうが、玉井の迷いを取り除くことができます。

「株式会社渡辺住研」（賃貸仲介・不動産売買）の渡邉《わたなべ》毅《たけ》人《と》社長は、迷いや不安を持った内定者に対するクロージング方法として、EGを活用しています。

内定者が「青顕性」なら、渡邉社長は、「青顕性」の社員を練習相手に選び、10回以上ロールプレイング（シミュレーション）してから内定者と面談をしています。

内定者の特性に合ったクロージングを実践した結果、**2018年度入社の内定承諾率は、100%**になったといいます。

1年目社員と同じ特性を持つ2年目社員を「お世話係」にする

武蔵野は、新卒社員一人ひとりに「お世話係」をつけています。お世話係は、新卒社員にとって「自分専用の保護者」のような存在です。

お世話係は、2年目社員の仕事です（お世話係になった社員には、2万円の手当がつきます。新人を飲みに連れて行って面倒を見させるしくみです）。

教育は、「習うより、慣れろ」「実務が先、理論があと」です。

したがって、入社2カ月もすると、羽がまだ生えていない新人にいきなり巣立ちをさせます。

ですが羽が生えていないので、当然、落下する。落下したひな鳥を見守るのが、お世話係です。新卒社員の悩みや不安を聞いたり、仕事の進め方を教えたりします。

お世話係は、同じ部署の先輩とはかぎりません。EGのプロファイルを見て、1年目社員と同じ思考特性が顕性の2年目社員が担当しています。

同じ思考特性が顕性の先輩のアドバイスだからこそ、1年目社員は納得し、耳を傾けます。

COLUMN

武蔵野の新卒採用の現場から

「自己主張性と柔軟性が左寄り」の内定者には承諾を急がせない

採用部　課長　浅《あさ》岡《おか》広《ひろ》季《き》

武蔵野は現在、私のほかに、小《こ》貫《ぬき》悦《えつ》子《こ》と原《はら》奈《な》々《な》絵《え》の2名が採用担当者として内定者のフォローをしています。

内定者の不安や悩みを解消するために、月に1度、内定者との面談（サシ飲み）の時間を設けていますが、

「どの採用担当者が、どの内定者を受け持つか」を決めるときに、EGのプロファイルを活用しています。

浅岡（私）、小貫、原の中で、その内定者に一番近いプロファイルを持つ人物が担当したほうが、内定者に寄り添うことができるからです。

私は、緑と赤は顕性ですが、黄色は潜性です。

ですから、黄色顕性の内定者のフォローは、小貫が担当します。3人とも青が潜性のた

め、青顕性の内定者をフォローするときは、他部署の青顕性の社員に協力をしてもらい、事前にシミュレーション（練習）をしてから面談に臨むようにしています（これまで、青が第1顕性の内定者はいません）。

また、**内定者の行動特性にも気を配る**必要があります。

行動特性、とくに「自己主張性と柔軟性が左寄り」の内定者は、物事を決めるまでに時間がかかります。わが社では通常、「内定を出してから1週間以内に内定承諾書を持ってくる」のが決まりですが、「自己主張性と柔軟性が左寄り」の内定者は、慎重に物事を進める傾向にあります。

こちらから、「承諾書はいついつまでに出してください」と結論を急がせると、相手を追い込んでしまいます。ですから、「自己主張性と柔軟性が左寄り」の内定者の場合は、例外的に、期限を伸ばすこともあります。

2018年度入社の木根奈緒美《きねなおみ》さんは「緑顕性で柔軟性は左寄り」でした。木根さんとサシ飲みをしたのは小貫ですが、「木根さんから期限を聞いてきたら答えるけれど、こちらからはプレッシャーをかけない」という方針で臨み、内定の承諾を受け取ることができました。

反対に、「自己主張性と柔軟性が右寄り」の内定者は、それほど時間をかけることなく、内定承諾書を提出してくれます。

ですが、「柔軟性が右寄り」の人は、他人の意見に流される傾向があるため、親や友だちに「本当にその会社でいいのか?」と問われると、気持ちがフラついてしまうことがあります。

「柔軟性が右寄り」で、しかも、自己表現性も右寄りの場合は、気持ちの揺れが言動に見て取れるので（急に連絡が取れなくなる、など）すぐにサシ飲みをセッティングするなどして、内定者の不安を取り除くように心がけています。

入社前に「自分の強み」を知ってもらう

採用部 課長 小貫悦子

新卒採用におけるEGの導入は、2017年度採用からです。

それまでも私は採用に関わっていましたが、内定者のプロファイルがわかるようになったことで、内定辞退の数が明らかに減っています。内定者の特性に合ったアプローチができるからだと思います。

これまでなら、「男性の内定者は、男性の採用担当者がサシ飲みをしたほうがいいのではないか」「内定者がスポーツをやっているなら、体を動かすことが好きな社員が担当したほうが話は合うのでは」といった、根拠の浅い理由で内定者のフォローをしていました。

また、以前は、内定者のタイプがわからなかったので、いろいろな言葉を投げかけてみて、その反応を見ながら攻め手を考えていましたが、EG導入後は内定者の思考特性がわかり、**「こういう話をすれば、内定者の不安がなくなる」「この内定者には、こういう話を**

しても響かない」と仮説を立てることができます。

内定者に連絡を取るときも、相手の思考特性に合わせて、連絡ツールや文面を変えることがあります。

内定者も「株式会社ＥＧ－Ｊ」が実施するセミナーを受講してもらい、「自分の思考特性と行動特性」の理解をうながしています。

そうすることで、**自分では欠点だと思っていたことが、じつは自分の持ち味であることに気づいて、自信につながっています。**

小山は、内定者一人ひとりに、「内定を出した理由」を説明していますが、ＥＧのプロファイルを見ると、小山の言っていたことがデータからも理解できます。

小山に「あなたに事務職をやらせたらピカイチだと思って内定を出した」と言われて喜んでいた内定者がいます。自分のプロファイルを知った彼女は、次のように話していました。

「私は自分の気持ちを表現するのが苦手でしたし、地道にコツコツ頑張ることしかできない自分に後ろめたさを感じていたけど、『地道にコツコツやれること』が自分の個性であることがわかりました」

内定者を集めて飲み会をするときも、行動特性の「自己主張性」の**数値の順番で、席についてもらいます**。そうすることで、どのテーブルも均等に盛り上がります。

今までは、「こちらの都合」で内定者のフォローをしていましたが、ＥＧを導入してからは、内定者に合わせたフォローができるようになったと思います。

就活生が武蔵野の「面接」に話しやすさを感じる理由

内定者のプロファイルに合わせて、伝え方を変える

2018年度入社予定の黒《くろ》米《ごめ》利《り》奈《な》さんは、「就活中に、いろいろな企業の採用担当者と話してきましたが、武蔵野の担当者は初対面なのに違和感がなくて、距離が近い感じがした」と話しています。

黒米さんが接しやすさを覚えたのは、採用担当者の浅岡広季と小貫悦子が黒米さんと同じ特性が顕性だったからです。浅岡は次のように話しています。

「黒米さんも私も、どちらも緑・赤顕性で、行動特性もよく似ていました。ですから、『私自身がしてもらって嬉しいこと』『私自身がこう接してほしいと思うこと』を考えながら黒米さんと話をするように心がけていました」（浅岡広季）

わが社では内定者にも経営計画書を配布していますが、あろうことか、黒米さんは入社前に経営計画書をなくしてしまった。

それでも私は、黒米さんを高く評価しています。なぜなら、入社前にもかかわらず、「始末書」を書いてきたからです。

多くの学生（とくに黄色顕性や青顕性で、自己主張性が右寄りの学生）は、「内定者なのに始末書を書かせるなんて、おかしい！」と疑問に思ったり、反発する。

けれど黒米さんは、当然のように始末書を書いてきました。なぜなら、「経営計画書を紛失したら始末書を書く」のが武蔵野のルールであり、「会社のルールに従う」のが、「緑顕性」にとって当然だからです。

黒米さんのように、「決められたことを決められた通りに実行する」ことが得意な人材が、武蔵野の強さを支えています。

採用担当者が自分と近い思考・行動特性だと安心する

前日に再連絡することを伝えている。自分も同じ構造型顕性なので、どうすれば内定者が安心するかがわかる。

2017年8月14日

浅岡広季（4676） 11:32
TO 黒米利奈(1030)さん
8月28日（月）07：45〜@荻窪
本の取材

時間とか変更になる可能性高いから
また前日あたりに連絡するね！

柔軟性が左寄りなので、予定変更に弱いが事前に聞いておけば、安心して対応できる。

黒米利奈(1030) 14:00
RE 浅岡広季（4676）さん
承知いたしました！
ありがとうございます！

2017年8月27日

浅岡広季（4676） 13:32
TO 黒米利奈(1030)さん
明日の連絡！
7:30に荻窪駅西口改札でたところに集合で
😊

服装は一応スーツで！※ジャケットなしで
OK、涼しい格好でOK
持ち物は名刺と名札ぐらい！

約束通りに連絡ができるのは、構造型顕性で柔軟性が左寄りだから。服装の指示が細かいのも、この思考特性の特徴。

内定者に合わせた対応をすることで
2018年度の内定辞退者数は32人中、5人！

就活生のプロファイルがわかると、彼らの「素」を引き出せる

同じく、2018年度入社予定の門川稜《かどかわりょう》さんも、**「武蔵野の面接は話しやすくて、すんなりと言葉が出た」**と言います。

「就活中は、武蔵野を含めて10社ほど受けましたが、武蔵野の採用試験がもっとも緊張せずに臨めたと思います。すんなり言葉が出るというか、話しやすいというか……。面接の前は、『こんなことを聞かれたら、こう答えよう』と自分なりに答えを考えていましたが、それ以上に『もっといいこと』が言えた気がして、出し切った感じがします。

出し切ることができたのは、採用担当の方が、引き出してくださったからだと思います。私が緊張しないように、私の性格やタイプに合わせて接してくださったのではないでしょうか」(門川稜さん)

門川さんは、武蔵野から内定が出たあと、ご両親に「どうしてその会社(武蔵野)は、新

卒を30人も採用できるのか。たくさん採用するのは、たくさん辞めてしまうからではないか」と心配されたそうです。

そこで採用部は、門川さんに、**「ご両親に、武蔵野の経営計画書を見せて、**これこれ、こういうふうに説明してみてはどうか」と具体的なアドバイスをしました。

門川さんは「緑顕性」で、「自分の思いを熱く語る」よりも、経営計画書を使って武蔵野の安定性を順序立てて説明するほうが、話しやすい。

経営計画書を見た父親は、「この会社なら安心だ」と認めてくださいました。経営計画書には、長期事業構想書（わが社の5カ年計画）のほか、経営の舵取りをしていくために必要なすべての数字と方針が明記されていて、「30人採用する根拠」が嘘ではないことがわかります。

おそらく門川さんの父親は、「青顕性」または「緑顕性」であったのではないでしょうか。経営計画書の数字を見て、武蔵野の安定性と将来性をご理解いただけたと思います。

第5章

【活用事例】

EGで、会社が、チームが

こう変わった!

EG導入事例 1

株式会社凪スピリッツ

社員の特性に合わせた「攻め」と「守り」の組織づくりを実現

代表取締役：生田智志
事 業 内 容：ラーメン事業・飲食事業
本社所在地：東京都新宿区

黄色顕性の社員が味をつくり、緑顕性の社員が味を守る

「株式会社凪スピリッツ」（ラーメン事業・飲食事業）の生田智志《いくたさとし》社長は、「ECを導入したことで、社員の特性を活かした人材配置ができるようになった」と感じています。

「以前は、黄色顕性の私の下に、黄色顕性の部下を配置していました。みんなが黄色顕性で、新しいアイデアがどんどん出てきて、『あれやろう』『いいね！　やろう、やろう』と盛り上がるが、結局ほとんどが中途半端になってしまい、もう、ぐっちゃぐちゃで……（笑）。ですが現在では、私の直属の部下に緑顕性の社員を入れています。私はすぐに味を変えたくなってしまうので、緑顕性の社員に『私のアイデアが実際に形にできるか』を判断してもらうことで、私の思いつきにブレーキをかけてもらっています。

新メニューを開発したり、新店舗を出すといった『攻め』では、赤顕性や黄色顕性の人材を配置する。そして、味や『ラーメン凪』のブランドを『守る』ところでは青顕性や緑顕性の人材を配置するなどして、EGのプロファイルを参考にした組織づくりを進めてい

る段階です。工場のスタッフは、ほぼ緑顕性です。

また、私は黄色顕性で、話があっちこっちに飛んでしまいがちです（笑）。でも、経営計画書に方針を明記しておけば、指示がブレません。**『経営計画書』は、私の緑脳を補ってくれる**ツールと言えます」（生田智志社長）

ＥＧは、あらゆる種類のプロファイルを揃えた集団のことを「ＷＥチーム」と呼んでいます。ＷＥチームは、幅広い角度からビジネスにアプローチすることが可能です。

ですが、中小企業は、必要なだけの人員をバランスよく確保できるとはかぎりません。そこで生田社長は、**「ＷＥチームがつくれない場合は、店舗の特徴や特性に合わせてマネジメントのしかたを変えてみてはどうか」**と検討しています。

「赤顕性のアルバイトが多い店舗なら、声を掛け合ってマネジメントする。青顕性が多い店舗なら、改善提案をつくってもらい、横展開する。黄色顕性が多い店舗には、チェックリストを渡して仕事の抜けや漏れを防ぐ。緑顕性が多い店舗は、こちらで用意したアイデアを着実に実行してもらう……。バランスよく人材を配置しようとしても、偏りが出てし

生田社長のプロファイル（赤・黄、右・右・右）

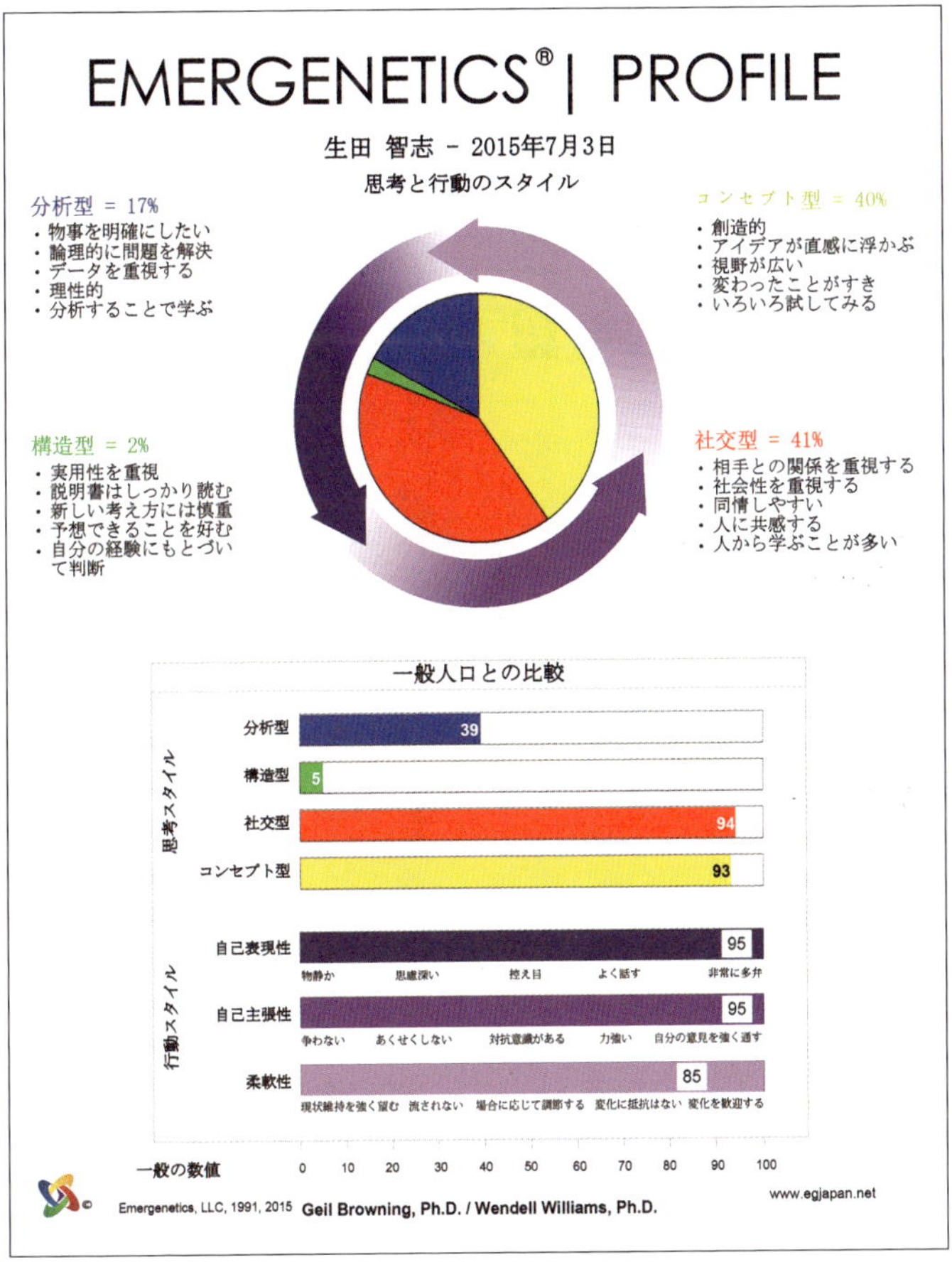

目指すべきゴールが、直感で見えてしまう思考特性。しかし、目指すべきゴールに、合理的根拠はない。赤顕性なので、みんなで一緒に目指そうとする。自分が思っていることを強く口に出すけれど、言いっぱなしになってしまうことも多い。

まうときがある。そんなときは、マネジメントのしくみによって、色の特性を伸ばしたり、苦手を補っていけばいいのではないか、と考えているところです」（生田智志社長）

EG導入前の問題点

- すぐに味を変えたくなってしまい、味の均一化が図れないことがあった
- 社員の特性に合わせた人材配置ができていなかった
- 人間関係がうまくいかず、会社を辞める人が多かった

EG導入後の改善点

- 攻め（新しい仕事）と守り（味を守ること）の役割分担（人材配置）が明確になった
- 個人の特性に合わせて「社員教育」や「指導」ができるようになった
- 新卒採用にEGを導入し、自社に足りない特性を持つ社員を採用できた
- コミュニケーションの取り方が変わったため、離職率が下がった

EG導入事例 2

金鶴食品製菓株式会社

相手の考えに歩み寄ると、イライラがなくなり、社内が明るくなる

代表取締役：金鶴友昇
事業内容：食品加工業
本社所在地：埼玉県八潮市

相手の特性がわかれば、人にやさしくなれる

「金鶴食品製菓株式会社」（食品加工事業）の金鶴友昇《かなづるともり》社長は、社員のプロファイルを全社的に公開したことで、「会議が活発になった」と言います。

「言葉は悪いのですが、わが社の全体会議をぶち壊す社員数名がいました。他の社員が積み上げた話をまるでゴジラのように壊していくんです（笑）。

でも、その社員たちのプロファイルを見ると、『**黄色**顕性で、自己主張性と自己表現性が右寄り』であることがわかった。つまり彼らは、自分の特性として、『直感的に自分の考えを口に出していただけ』であり、悪気や不満があったわけではなかったんです。

今までは、彼らの顔色をうかがって、『どうせ自分が発言しても、また否定されるのがオチだから、黙っていよう』と考える社員も多かったが、本人たちに悪気がないことがはっきりしたため、多くの社員が、『彼らを気にせず、会議のときは、とりあえず自分の意見は言っておこう』と考えるようになり、活発に意見が交換されるようになりました。

金鶴社長のプロファイル（青・赤・黄、右・右・中）

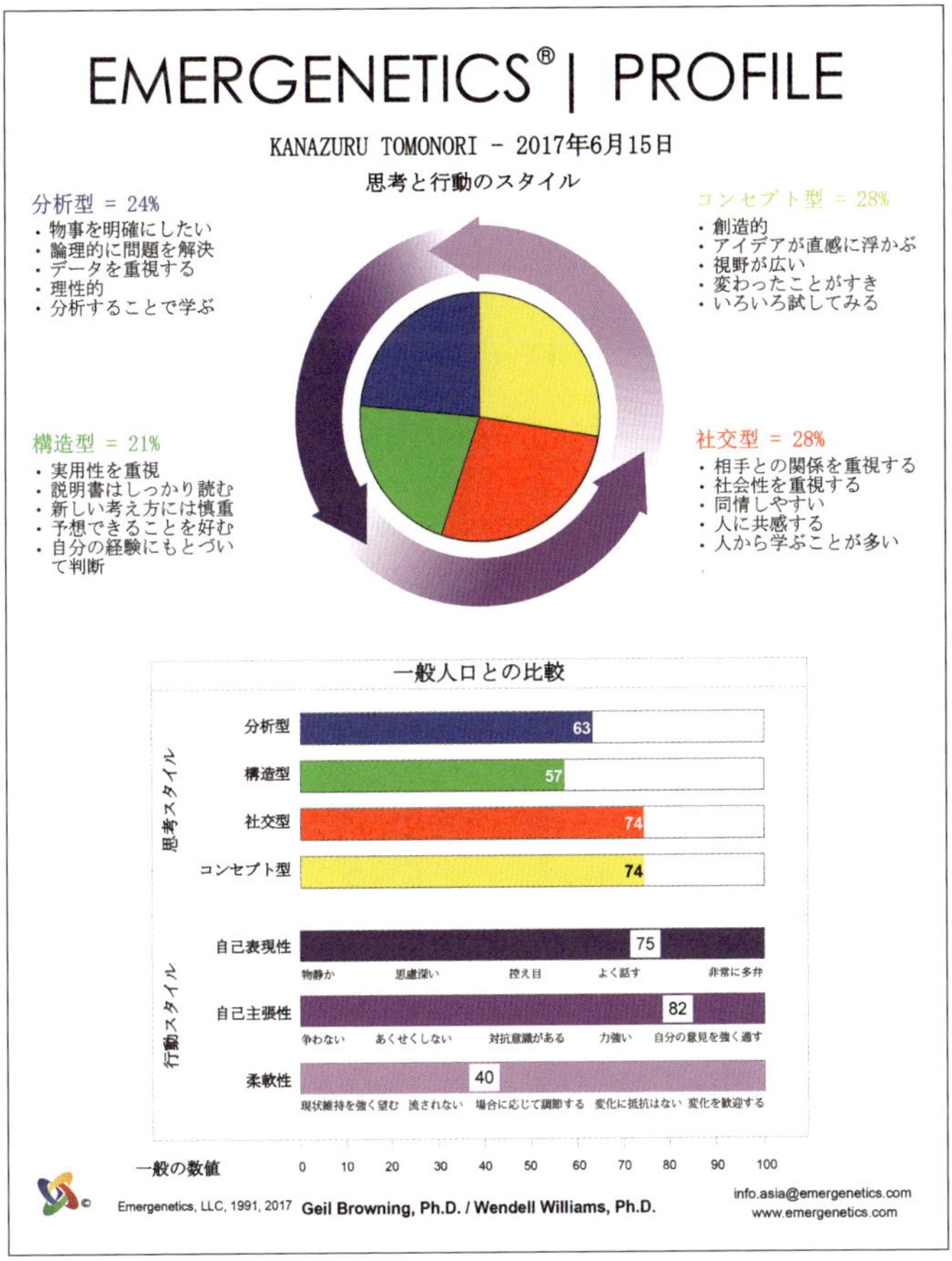

３色顕性で、新しいことを好み、それを実現する方法をみんなに論理的に説明する。自分の意見を明確に言い、周囲を引っ張っていく。柔軟性が真ん中なので、社員の意見を受け入れるかどうかは時と場合による。

反対意見を言われると、誰だって『自分は彼らに嫌われているのではないか』と勘ぐりますが、嫌われているのではなく、**『あの人たちの思考特性と行動特性が言わせているんだ』と理解できるようになったおかげで、みんなのイライラがなくなりました。今では社内が明るくなった気がしますね**」（金鶴友昇社長）

相手の思考特性、行動特性がわかれば、相手に歩み寄る気持ちが生まれます。そして、お互いが優しくなります。

「当社の会長（父親）は、営業部にいきなり数字を突きつけて話を進めようとします。すると、営業部のメンバーは、会長に対してこう思うわけです。

『何もやっていない会長に、結果について、とやかく言われたくない』

ですが、EGを導入して会長が青顕性だとわかってからは、**『数字やデータを使って話をするのは、会長の優しさである』ことが理解できる**ようになりました。

会長は数字を冷静に、客観的に分析して、『今が危ないときなんだぞ』『気を緩めてはいけない』ことを教えてくれていたわけです。そのことがわかった現在は、営業部も会長が

示すデータを活用するようになりました」（金鶴友昇社長）

EG導入前の問題点

- 営業会議がまとまらなかった
- 数字にこだわる会長の行動が社員に理解されなかった
- 相手の考えが理解できず、コミュニケーション不全を起こすことがあった

EG導入後の改善点

- 社員が活発に意見を述べるようになった
- 会長の考えを理解できるようになった
- 相手の言動の「理由」がわかるようになって、腹が立たなくなった
- 黄色顕性は新規開拓、緑顕性は既存顧客の保全など、特性による役割分担ができた

EG導入事例 3

株式会社ダスキン福山

自分の特性がわかると、仕事のやり方や向き合い方が変わりはじめる

代表取締役：高橋良太
事 業 内 容：ダスキン事業・ミスタードーナツ事業
本社所在地：広島県福山市

生産性を上げたいなら、人間関係のストレスをなくす

「株式会社ダスキン福山」（ダスキン事業・ミスタードーナツ事業）の高橋良太《たかはしりょうた》社長は、4つの思考特性がすべて23％以上の「4色顕性」です。4色顕性の人はさまざまな角度から物事を判断します（その分、長考《ちょうこう》になったり、悩んだりすることもあります）。

「4つの思考特性がすべて顕性だからといって、誰とでも上手にコミュニケーションができていたわけではありません。相手が緑顕性なのに、自分は黄色顕性の伝え方をしてしまうこともありました。ですから現在は、『今は、青色を意識して話をする』『相手が緑顕性だから、こちらも緑顕性の伝え方をする』と、思考特性やコミュニケーションの取り方を意識して使い分ける練習をしています」（高橋良太社長）

高橋社長は、EGの導入によって「人間関係のストレスが減った」と実感しています。

「『自分の伝えたいことがどうして相手に伝わらないのか』、その原因がお互いの思考特性の違いにあることがわかり、コミュニケーションのストレスから解放された気がします。たとえば、『早く仕事をはじめてほしい』と指示を出したとき、私にとっての『早く』は『今すぐ』のことでも、Aくんにとっての『早く』は『2、3日中』かもしれません。人によって『早く』の解釈も、流れている時間の感覚も違います。自分にとっての『普通』が、相手にとっては『普通』ではないことがわかっていれば、コミュニケーションのしかたが変わると思います。お互いの理解が進むことで仕事の効率化が進んで、結果的に、生産性の向上にもつながるのではないでしょうか」（高橋良太社長）

また、高橋社長は、「EGを導入したことで、社員が、仕事のやり方や向き合い方を変えはじめた」と感じています。

「『黄色顕性の人は、何かを継続するのが苦手な傾向にある』と考えている人がいますが、当社に、黄色シングル（黄色だけに顕性がある）なのにコツコツ仕事をするフード事業部の工《く》藤《どう》由《ゆ》紀《き》夫《お》という人材がいます。この社員には、ある業務のチェックをさせていますが、

高橋社長のプロファイル（青・緑・赤・黄、中・中・中）

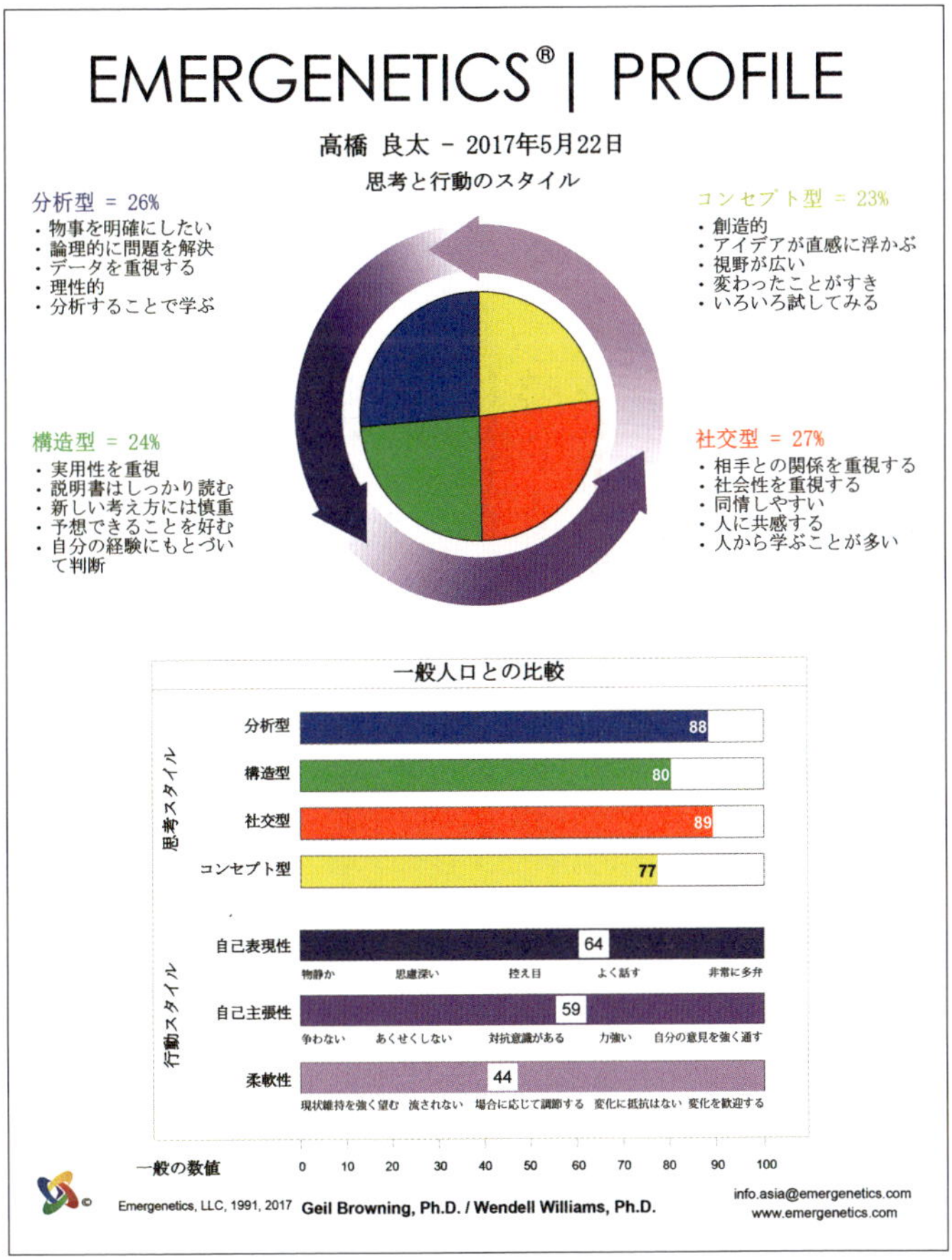

4色顕性。いろいろな観点で考えてから時間をかけて結論を出す。行動特性はすべて真ん中。時と場合によってその場の空気に合わせるため、まわりからは公明正大に見えることが多い。一方で、「なかなか指示をくれない人」と思われることも。

苦もなくこなしている。

理由を聞くと、『チェック表を埋めることが楽しい』と答えました。

この社員は、地味な仕事の中に、『楽しさ』を見出していました。緑顕性の人が得意な実務作業に対して、『黄色顕性の自分がこの仕事を続けるなら、どうすればいいか』を考え、やり方を工夫していた。EGの導入により、『**苦手な仕事であっても、強みを活かしたアプローチのしかたがある**』**ことを実感**しています」（高橋良太社長）

EG導入前の問題点

- コミュニケーション不足によるストレスがあった
- 社員が「なぜ、そうするのか（そう言うのか）」の原因がわからなかった

EG導入後の改善点

- 社長と社員、社員同士の信頼関係が醸成された
- 社員の価値観や方向性が揃うようになり、結果的に生産性が向上した
- 社員の得意を活かす（不得意を補う）組織づくりが可能になった

EG導入事例 4

株式会社島屋

社長と幹部の相互理解が強い組織をつくる

代表取締役：吉貴隆人
事 業 内 容：建材商品の施工、販売業など
本社所在地：広島県広島市

社長と幹部のコミュニケーション不全を解消する

「株式会社島屋」（建材商品の施工、販売業など）の吉《よし》貴《き》隆《たか》人《と》社長は、幹部とともにEG研修を受講した結果、「ギクシャクしていた社長と幹部の関係が変わってきた」ことを実感しています。

「以前から『自分とは合わないのではないか』と感じていた購買部部長の小《お》川《がわ》和《かず》也《や》という幹部がいました。彼は、当社のナンバー3で、社内の機械や製造、システムの責任者をしています。

私と彼のプロファイルを見比べてみると、私が『合わない』と感じた理由がわかりました。私は緑シングルの具象脳で、彼は青・黄色顕性で抽象脳と、思考特性がまったく違っていた。

緑シングルは時間や納期に関する意識が高いため、『いつまでにできる？』『今、どういう段階？』と私は逐《ちく》一《いち》、彼にスケジュールを具体的に確認していましたが、抽象脳の彼は、

吉貴社長のプロファイル(緑、左・左・左)

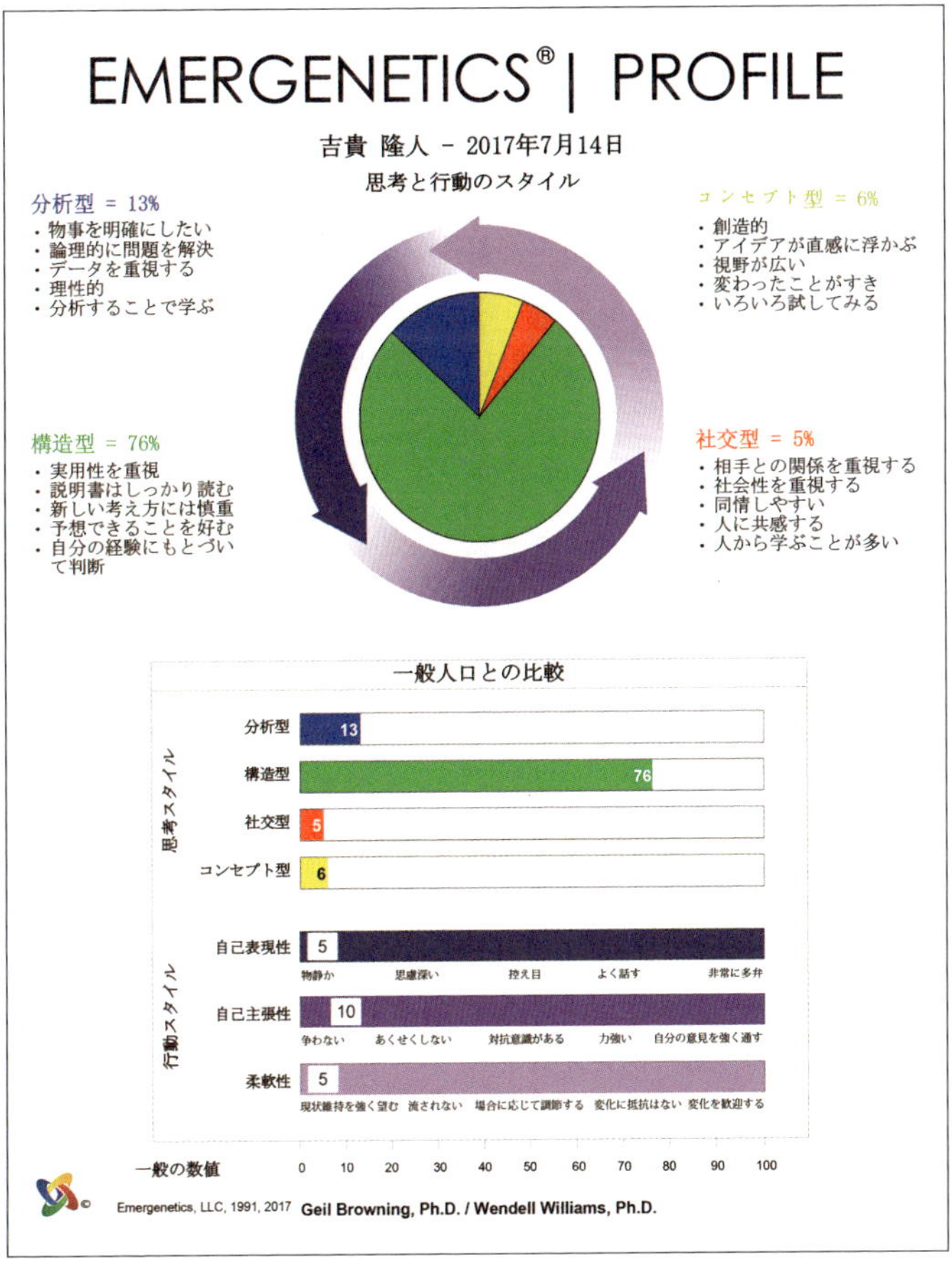

決められたことを、決められた通り、きちっとすることが得意な思考特性。大きな声を出すことはないし、誰とももめずに平和的に進めたいと考える。でも、自分がこうだと思ったことを変えるのには、ストレスを感じる。

面倒に感じていたと思います。

ＥＧを勉強してからは、彼に対する指示の出し方や、話の聞き方を変えるようにしています。『いつまでに、こういうことをしてください』と、納期と結果だけを指示して、中間報告は求めないようにしました。そのほうが彼もやる気を出します。

すると、おもしろいことが起こりました。今までは私から聞かないと中間報告をしてくれなかったのに、私が聞くのをやめたとたん、小川のほうから、『今は、こういう状況です』と報告してくれるようになったのです。

彼もＥＧを勉強しているので、私に気を遣ってくれたのだと思います。『社長がスケジュールを気にするのは、自分のことを信頼していないからではない。緑シングルの特性だからである。だったら、社長が安心するように、中間報告をしよう』と思ってくれたのでしょう。私と彼がお互いに歩み寄ることで、人間関係のストレスがなくなりました」（吉貴隆人社長）

島屋では、新卒採用にもＥＧを導入しています。

「当社は基本的にルートセールスで、同じお客様と繰り返し接することになります。ですから、社内には緑顕性の社員がとても多い。ただ、緑顕性ばかりだと変化に弱く、会社が硬直化する可能性もあるので、バランスの良い組織づくりが大切です。そのため、新卒採用をするときは、私がアソシエイトとして、プロファイルを予測するスキルを持っているため、**同期の中での色（思考特性）のバランスを考え、偏りが出ないように意識**しています」（吉貴隆人社長）

EG導入前の問題点

- 社長と幹部の間に、コミュニケーション不足によるストレスがあった
- 社内に思考特性の偏りがあった（緑顕性の社員が多かった）

EG導入後の改善点

- 社長と幹部がお互いを理解し合うことで、信頼関係が生まれた
- 社内にEGに関する相談室を開設した結果、社内への浸透が進んだ
- いろいろな特性を持つ人材をバランス良く確保できるようになった

EG導入事例 5

喜多村石油株式会社

社長と副社長がお互いの特性を発揮して、2人でWEチームをつくる

代表取締役：喜多村浩司
事業内容：サービスステーション運営
本社所在地：福岡県久留米市

社長と副社長の思考特性がはっきりしたことで、役割が明確に

「喜多村石油株式会社」（サービスステーション運営）の喜多村《きたむら》浩司《ひろし》社長は、EGを導入したことで、喜多村《きたむら》吉辰《よしたつ》副社長（従兄弟）との関係性が「劇的に好転した」と言います。

「ナンバー2の彼に事業計画について説明をする際、『僕はこういうことをやりたい』『それをやる根拠はこうだ』『そのための費用はこれくらいかかる』と論理的に話をしていましたが、いつも彼は『きょとん』としていて、腹落ちしていない様子でした。

一方で副社長のほうも、私の話に対して『そんなことよりも、こういうことをやってみたらどうですか』と、直感で話をしてきます。私が『そう思った根拠は何？』と聞くと、彼は、『いや、何となくそう思ったんですよね』と曖昧に答える（笑）。こんな調子で話が嚙み合わないため、お互いに『伝わらないな』とストレスを感じていたんです。

そこで、ご縁をいただき、EGセミナーを受講したところ、私は青・緑顕性で、副社長は赤・黄色顕性であることがわかりました（副社長の行動特性は、自己表現性が右、自己

主張性が右、柔軟性が真ん中)。私たちは対照的な思考特性を持っていた。話が噛み合わないのも当然です。

けれど、自分の特性と相手の特性がわかったことで、私たちの関係は、ずいぶん変わったと思います。伝え方はもちろんですが、**仕事の役割分担も明確になってきました。**

私は黄色が最潜性で、新しいアイデアを考えるのに、時間がかかります。けれど副社長は黄色顕性で、想像力や気づきの感性がある。だったら、私が考えるのではなくて、副社長に『何かいいアイデアはない?』と聞いたほうが、早く、しかも時代に合ったアイデアを生み出すことができます。

さらに、副社長は赤も顕性であるため、人に対する直観力も高い。彼が『今、社員はこう考えていますよ』とか、『こういう状況になっていますよ』と情報を上げてくれるため、社内の現状を把握しやすくなりました。

また、副社長は部下に対して、『社長に報告をするときは、数字や根拠を明確にしておかないとダメだよ。根拠がはっきりしていないと、社長は納得してくれないよ』とアドバイスをしてくれています。

経営をする上では、数字や理屈に頼るだけでも、直感に頼るだけでもダメ。どちらも必

喜多村社長のプロファイル（青・緑、右・中・左）

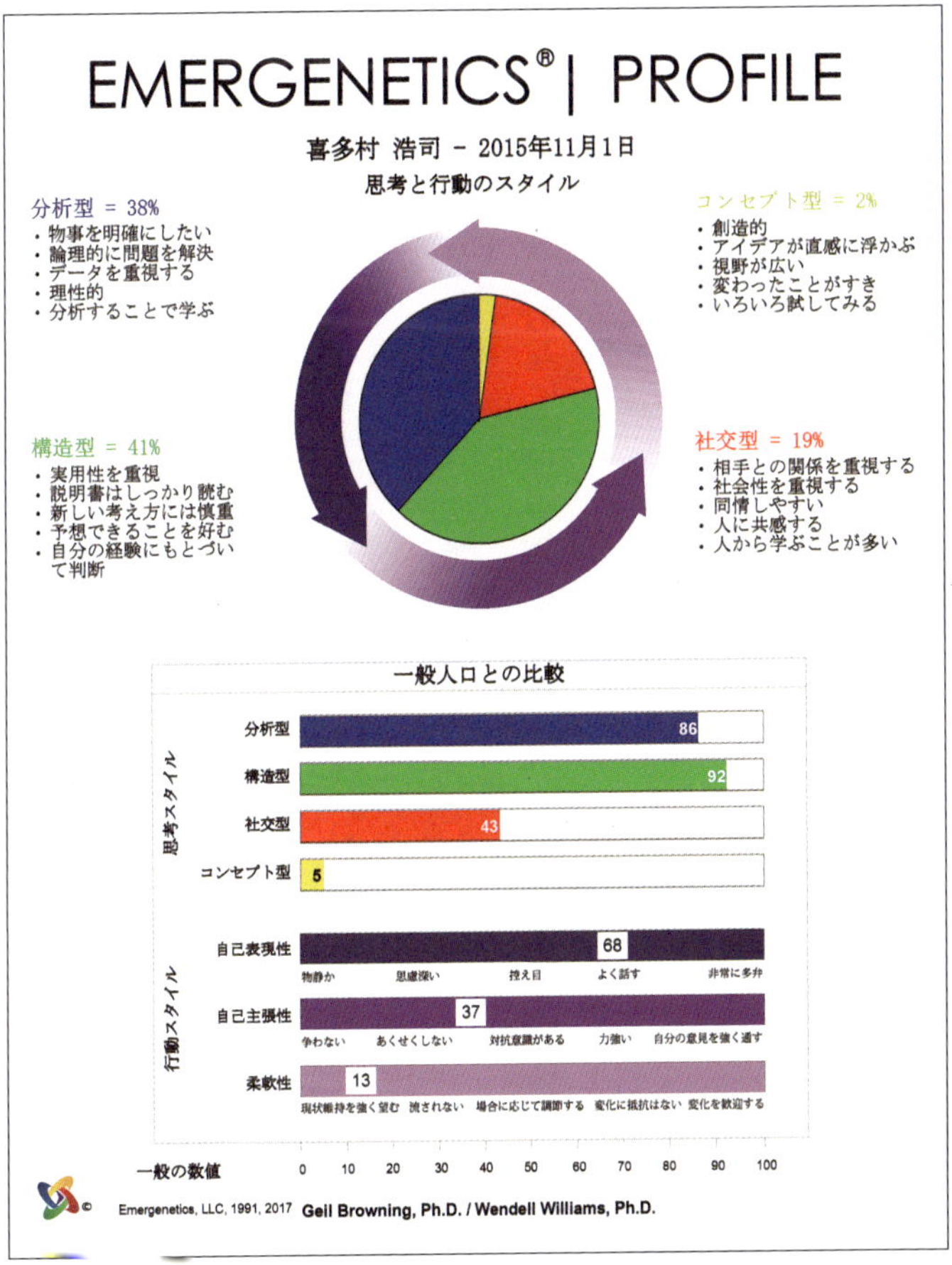

論理的に考え、常識的に「こうだよね」と丁寧に仕事に取り組む思考特性。思ったことはすぐに口にすることが多く、副社長の意見を変えようとするかどうかは時と場合による。「論理的にはこうじゃないか？」と問いただすことがあり、自分と異なる意見を受け入れることには抵抗がある。

要です。これまで、私と副社長はお互いにストレスを感じることもありましたが、今では、**2人が相互補完し合って、最強のWEチームになっている**と思います」（喜多村浩司社長）

EG導入前の問題点

- 社長と副社長の間に、ミスコミュニケーションによるストレスがあった
- 経営層だけでなく、現場のコミュニケーションも不足していた

EG導入後の改善点

- 社長と副社長がお互いを理解し、それぞれの特性に合わせた役割分担が可能になった
- 相互補完しながら、「チームとして収益を上げていこう」という考えが生まれた
- 社内のコミュニケーションが良くなったことで、明るく、楽しく、のびのびと仕事ができる環境が整った

EG導入事例 6

スチールテック株式会社

外国人社員にもEGを受けさせ、国民性を超えたコミュニケーションを図る

代表取締役：出口弘親
事業内容：鋼材の加工・販売
本社所在地：愛知県大府市

「フィリピン人は時間にルーズ」という噂は本当か？

「スチールテック株式会社」（鋼材の加工・販売）は、外国人社員の雇用にも積極的で、現在、11人のフィリピン人を雇用しています。

出口弘親《でぐちひろちか》社長は、日本人の社員だけでなく、フィリピン人社員のプロファイルも取っています。出口社長が認定アソシエイトの資格を取って、英語で研修を実施。その結果、「おもしろい傾向が見えてきた」と出口社長は言います。

「フィリピン人を採用する前、私はフィリピン人の国民性について、次のように聞いていたんです。『時間にルーズで、遅刻するのが当たり前。遅刻しても悪びれない』。たしかに、当社の採用面接に遅刻をしてくるフィリピン人もいました。でも、実際に採用した11人は、この噂に当てはまりませんでした。

当社は毎朝朝礼をしていますが、フィリピン人社員は遅刻するどころか、**全員、日本人社員よりも早く席に着いています。**プロファイルを取ってみると、11人全員が緑顕性でし

出口社長のプロファイル（青・赤・黄、右・右・右）

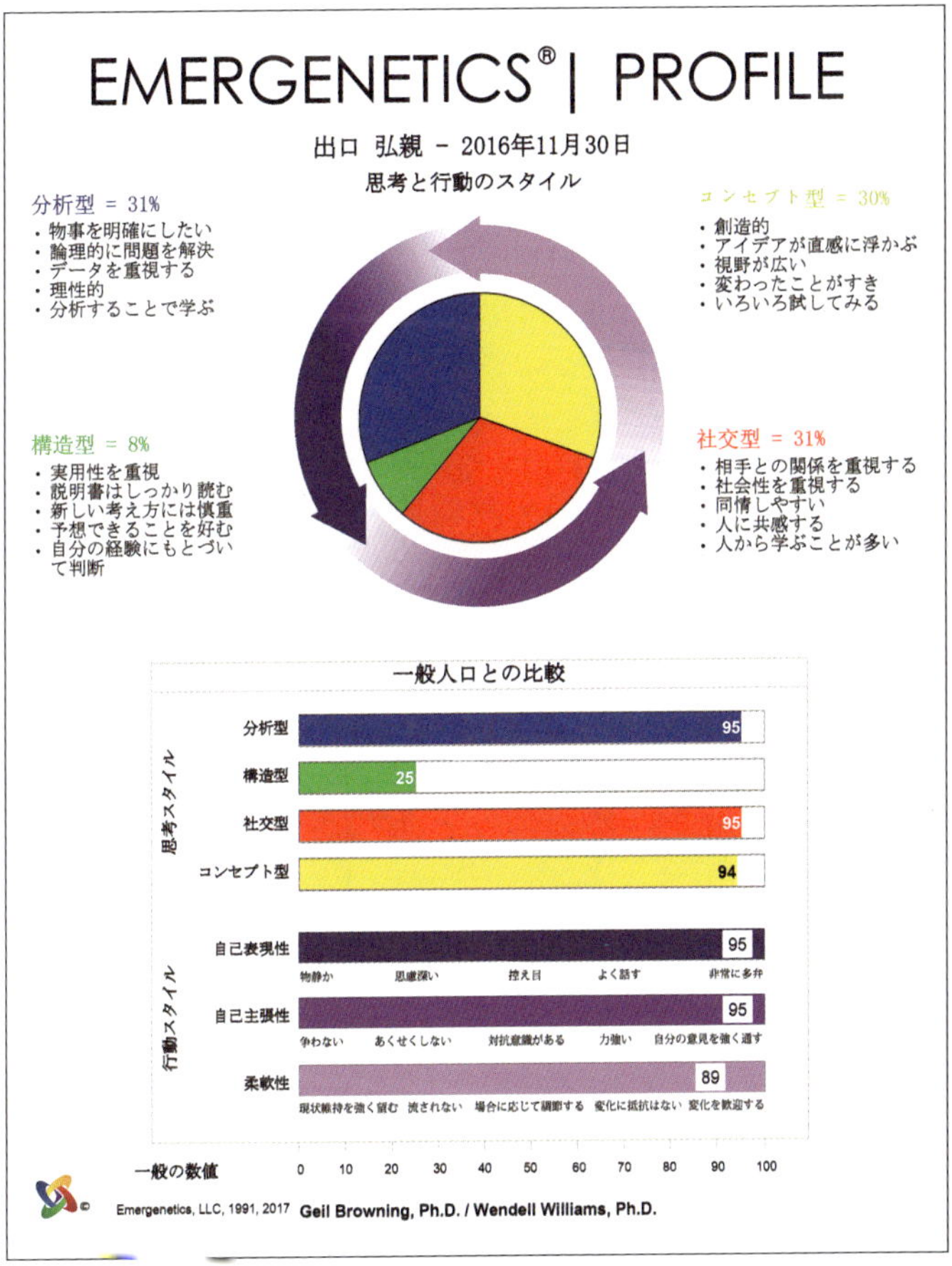

新しいことが大好きで、その実現への最短コースがわかり、それを全員で共有したいと考える傾向にある。「いいね」と言いながら、ぐいぐい引っ張っていく一方で、人の意見に左右されることもあるため、ブレているようにも見えることがある。

た。当社のフィリピン人が『たまたま全員、緑顕性だった』と思いますが、とはいえ、緑顕性だから、日本企業の細かいルールに適応できるのだと思います。

意外だったことが、もうひとつあります。彼らは休み時間になると歌ったり踊ったりしています。いつも集団で行動しているので、私は『彼らは赤顕性だろう』と推測していました。ですが実際は、3分の2が赤潜性だった。

集団で行動するのが好きなのは、国民性ではないでしょうか。フィリピン人は出稼ぎ民族で、GDPの10％は海外からの送金で成り立っているそうです。ですから、海外に出ると、同胞同士が自然と仲良くなるのだと思います」（出口弘親社長）

スチールテックには、「思考特性は緑顕性、行動特性は左寄り」の幹部が多いそうです。しかし、出口社長自身は、緑が最潜性で、行動特性はすべて「右寄り」です。会議を開くと、出口社長が一方的に話し続けることが多かった。

「EGの統計では、『緑シングルは、人口全体の6％』なのに、当社では、幹部8人中、緑シングルが4人もいます。異常な緑シングル率です（笑）。しかもほとんどの幹部は行動特性が左寄りで、会議を開くと、最初から最後まで私がしゃべって終わってしまう（笑）。ようは、私が幹部の話を聞いていなかったんです。現在では、**幹部が発言しているときは口を出さず、最後に私が総括をするようにしています。**その結果、会議でさまざまな意見が出はじめ、現場にもとづいた提案が増えてきた気がします」（出口弘親社長）

EG導入前の問題点

- 外国人社員の思考特性がわからなかった
- 会議中に幹部社員から意見が出ることが少なかった（社長が一方的に話していた）

EG導入後の改善点

- 社長が話す会議から、幹部が話す会議（社長が聞く会議）に変わった
- 日本人とフィリピン人のコミュニケーションが円滑になった
- 各自の特性に合わせた人事異動が可能になった

EG導入事例 7

株式会社ダイレクト

社員の特性に合わせた指導を徹底し、人が辞めない会社づくりを目指す

代表取締役：定本康敬
事 業 内 容：ゴルフ場に特化したセールスプロモーション
本社所在地：兵庫県西脇市

青顕性の社員が辞めたのは、すべて社長に原因があった

「株式会社ダイレクト」（ゴルフ場に特化したセールスプロモーション）の定《さだ》本《もと》康《やす》敬《ゆき》社長は、EGを導入することで組織に変化を与え、「人が辞めない会社づくり」を目指しています。

「これまでの私は、意見の対立する社員の扱いに悩むことがありました。言い争いになるたび、『社員は私のことが嫌いなのか』とか、『私の考えは間違っているのか』とか……。

EGに対する理解が深くなるにつれて、意見の対立は、思考特性の違いに起因していることがわかりました。私は赤・黄色顕性なのに対して、辞めた社員のほとんどが青顕性だった。ですが現在では、多様性を意識したコミュニケーションができるようになってきています。今までの私なら、自己表現性・自己主張性が『右寄り』なので、意見が異なる相手に対して、『それはおかしい！　普通はこうするものでしょ！』とすぐに言っていましたが、『人によって、普通は違う』ことを理解し、自己主張性『右寄り』を出しすぎないようにしてからは、コミュニケーションの幅が明らかに広がりました。

また、**社長のプロファイルを社員が理解してくれたことで、黄色顕性、柔軟性『右寄り』の私に対して、まわりが配慮してくれるようになりました。**

これまでは、社員から、『言うことがコロコロ変わって、どれが本当かわからない』『言ったことをすぐに忘れる』『曖昧すぎて困る』と言われていましたが（笑）、現在では『まあ、しゃあないか。社長は黄色顕性だし』と、なかばあきらめながらも理解を示してくれるため（笑）、無意味な意見の対立が起きなくなっています」（定本康敬社長）

ダイレクトは「赤顕性」が非常に多いので、定本社長は「赤顕性」の社員と「赤潜性」の社員の「考え方の差」を埋めて、お互いが気遣いできる環境づくりを考えています。

また、不足気味の青脳を増やすため、新卒採用にもEGを導入しています。

「**青脳を増やそうと、青顕性の社員を面接に当たらせる**といった工夫をしていますが、まだ思うような結果は出ていません。２０１８年度の採用では、最終面接に青顕性と思われる学生が2名残っていましたが、結局、不採用に。ひょっとしたら、最後に私の『黄・赤顕性、青潜性のフィルター』がかかりすぎたかもしれません。とはいえ、最終面接まで青

定本社長のプロファイル（赤・黄、右・右・右）

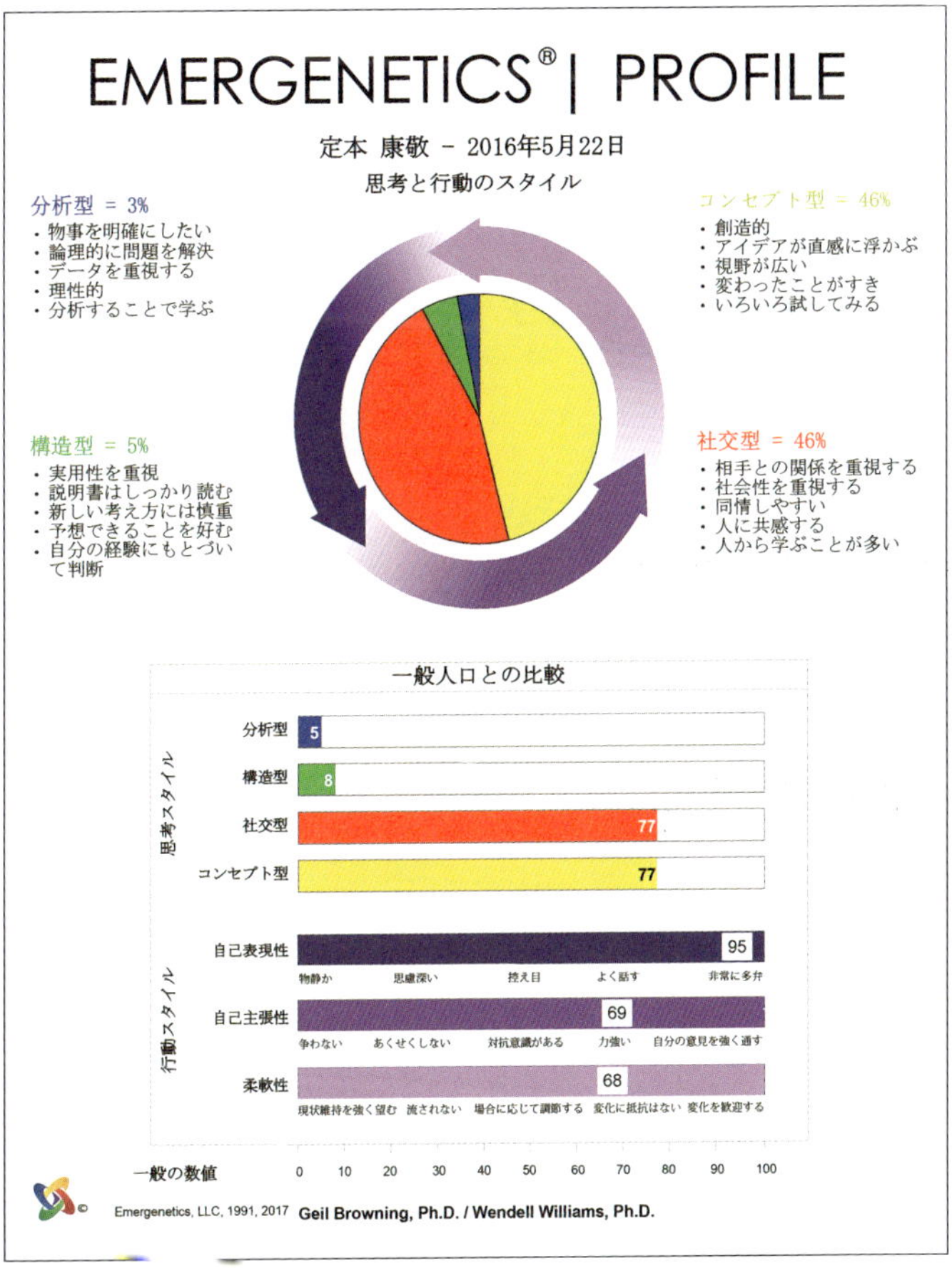

ゴールが合理的な根拠なく見え、それを「面倒くさいことは抜きで、みんなで楽しくやろう」と考える傾向にある。社員からは「また新しいことを言い出した」と思われる一方で、「一緒にいると楽しい人」だと評価されることも。

顕性の可能性が高い人を残せるようになったのは、当社としては大きな進歩です」（定本康敬社長）

EG導入前の問題点

- 社長と社員の意見が対立し、多くの社員が会社を去った
- 上司に対して、「何であの人はあんなことを言うのか」と不満を抱く部下が多かった
- 「言うことがコロコロ変わる社長」に対する不信感があった

EG導入後の改善点

- その人の特性に合わせたコミュニケーションが可能になった
- 上司が部下の特性を考慮し、「どのような伝え方をすれば理解してくれるか」を考えながら指導できるようになった
- 不足している「青顕性の人材」を採用できる可能性が出てきた
- 社長と社員の相互理解が深くなった

EG導入事例 8

株式会社ザカモア!

社員の特性を理解することが、離職防止の第一歩

代表取締役：西村拓朗
事業内容：インターネット通販「靴のニシムラ」の運営
本社所在地：福井県坂井市

EGを活用すれば、社長の思いがスムーズに伝わる

「株式会社ザカモア！」（インターネット通販「靴のニシムラ」の運営）の西村拓朗《にしむらたくろう》社長は、EGを導入したことで、「社員の離職を防ぐことができた」と話しています。

「当社は、新卒採用にもEGを活用しています。2018年度は3名の新卒採用を予定しており、そのうちの1名は、『当社でアルバイトをしてくれていた学生のAくんにしよう』という意見が出ました。ですが、総合的に判断をして、Aくんの採用を見送ることにした。そのことに不満を口にしたのが、Aくんのことをよく知る、女性社員のBさんです。Bさんのプロファイルは、緑シングルで、行動特性はすべて左寄りでした。

Aくんを不採用にしたことに納得できなかったのか、Bさんの口数は次第に減ってきて、元気がありません。3週間ほど経ってから私は彼女を食事に誘い、話を聞いてみることにしました。すると開口一番、彼女はこう言いました。

『もう、私、辞めます』

西村社長のプロファイル(青・赤・黄、右・右・右)

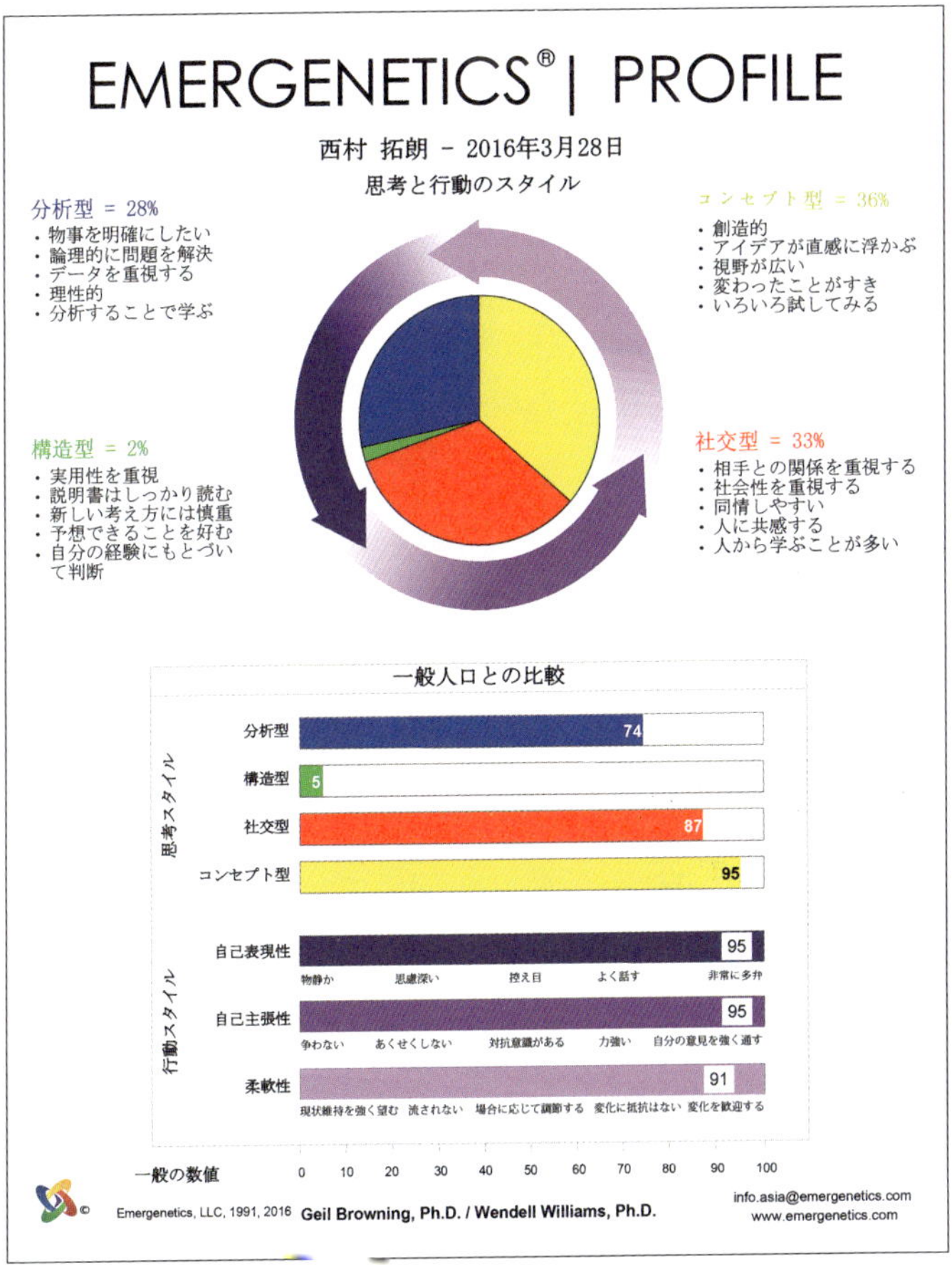

人と違った新しいことを好み、最短で実現する道筋がわかる。そして、それをみんなで一緒に実現したいと考え、仲間をぐいぐい先導していく。一方、緑が潜性なので、決められたことをきちっとすることは苦手な傾向にある。

なぜ辞めようと思ったのかを聞いてみると、AくんとBさんのプロファイルが似ていたことが原因でした（Aくんはアルバイト期間中にプロファイルを取っていました）。『Aくんを採用しなかったから、Aくんと似たプロファイルを持つ私も必要ないのではないか』と思い、Bさんは、『自分を否定された感じがした』そうです。

EGを導入する前の私なら、『そんなことないって！』と軽く答えて終わりだったと思います。そしておそらく、緑シングルのBさんは辞めたでしょう。

私は、緑顕性のBさんが理解しやすいように、順を追って『なぜ、Aくんを採用しなかったのか』『なぜ、Bさんが当社に必要なのか』説明しました。すると、彼女の表情がやわらいできて、『わかりました。そういうことであれば、私も頑張ります』と言ってくれました。彼女は今、ものすごく頑張ってくれています。

EGを活用していなければ、Bさんという大切な人材を失っていたかもしれません。EGの特性に合わせたコミュニケーションを取ることで、**社長の思いを社員に伝えることがスムーズになった**と実感しています」（西村拓朗社長）

EG導入前の問題点

- 社長の思いが社員に伝わりにくかった
- 適材適所な人材配置ができていなかった
- 社長と幹部が自分の正しさを押し付け合い、意見が衝突することがあった

EG導入後の改善点

- 社員の考えを汲み取ることができるようになって、退職がなくなった
- 「性格が合わないと感じている理由」「相性が良くないと感じる理由」がEGで説明できるようになり、コミュニケーションがスムーズになった
- 社長の思いが社員にスムーズに伝わるようになった
- EGの特性に合わせた声掛けができるようになった
- EGの特性に合わせて仕事の振り方や対応のしかたが変わった

EG導入事例 9

株式会社インテリジェントプランナー

不満を口に出さないからといって、不満がないとはかぎらない

代表取締役：原田裕介
事業内容：飲食業
本社所在地：東京都豊島区

社長と社員の「普通」は違うのが正しい

「株式会社インテリジェントプランナー」（飲食業）の原田裕介《はらだゆうすけ》社長は、「社員とのやりとりで悩んでいる時期」にＥＧの研修を受け、ミスコミュニケーションを起こしていた理由に気がつきました。

「どうして私の言うことが理解してもらえないのか、私と店長のプロファイルを比較したところ、その理由がわかりました。私は、『青・黄・赤顕性』で青が第1顕性、緑は最潜性です。一方、店長の中に、私と同じ『青が第1顕性』の社員はひとりもいませんでした。私は『物事を論理的に説明していけば、理解してもらえる』と思っていましたが、それは私にとっての『普通』であって、店長にとっての『普通』ではなかったわけです。彼らは、『わかりました』と返事はするが、実際は伝わっておらず、やっていませんでした。

また私は、『店長たちは人間関係のことばかり話していて、数字の話をしないな』と思っていましたが、彼らのプロファイルを見て、その理由がわかりました。店長の多くが『赤顕性で、青は潜性』だったのです。

自分は赤顕性でもあるので、最近では、店長の赤に合わせて接し方を変えています。ただし、私は緑が6%なので、緑脳の考え方がわからないことがあります。そんなときは、緑顕性の社員に、『こういう考え方や伝え方について、緑脳はどう思うのか教えてくれないかな』と素直に聞くようにしています。**自分の頭で考えてもわからないので、そういうときは、聞くのが一番**です」（原田裕介社長）

コミュニケーションがうまくいかないのは、自分と相手の「行動特性」の違いが原因になることもあります。

「自己表現性や自己主張性が左寄りの人は、不平不満を表に出さない傾向にあるので、問題を抱えていても、目に見えないことがあります。**『不満を言わないこと』と、『不満がないこと』はイコールではありません。**自己表現性や自己主張性が左寄りだから表現をしていないだけで、内心では、不満を抱え込んでいることもあります。ですから、行動特性が左寄りの部下に対しては、とくに配慮が必要だと感じています。

原田社長のプロファイル（青・赤・黄、右・右・右）

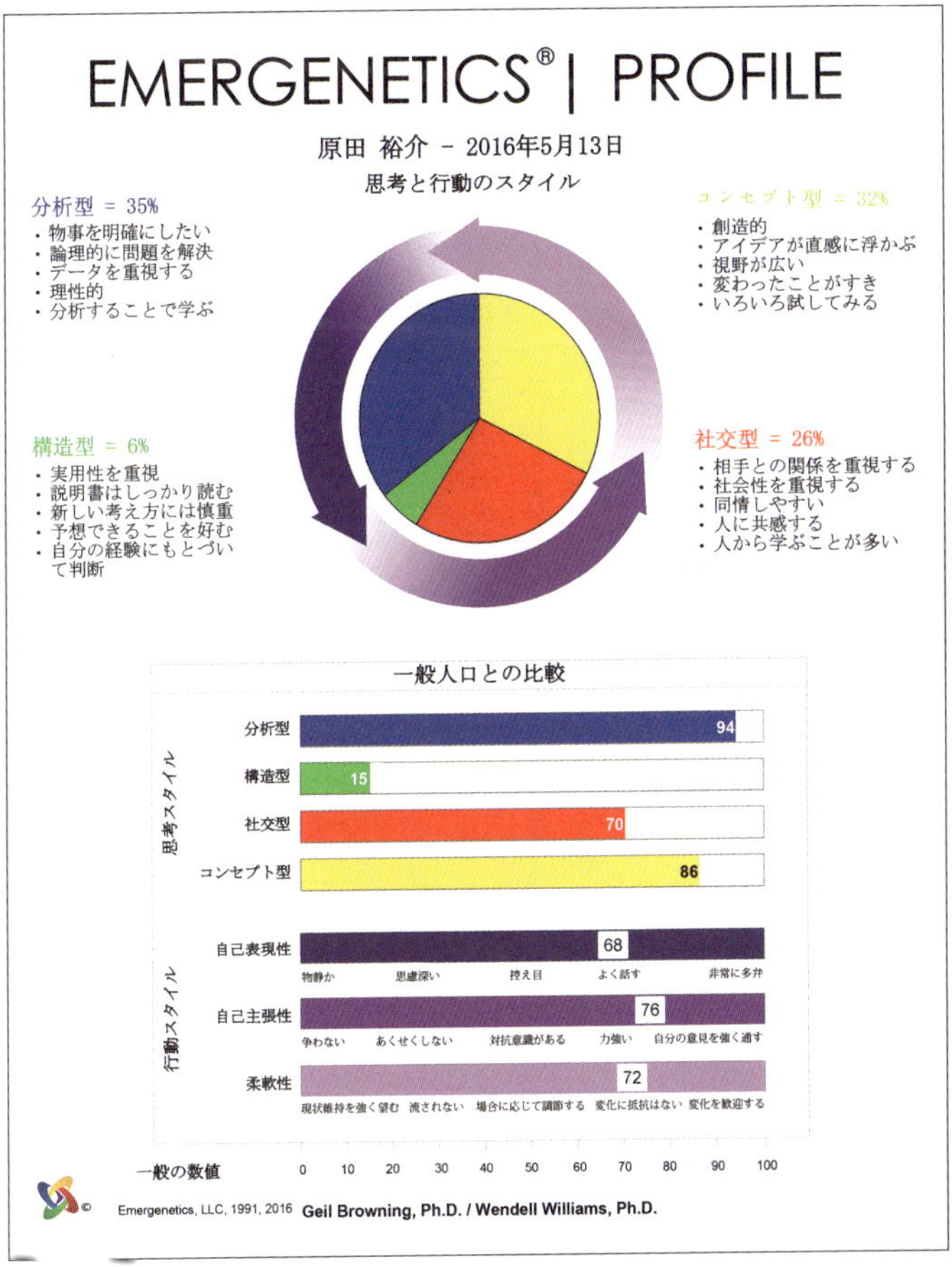

新しいことを、論理的に実現する方法がわかり、それをみんなでやりたいと考えるが、決定するまでに時間がかかりがち。思っていることを明確に言い、まわりを巻き込んでいくが、一貫性がないと見られることもある。

私は自己表現性や自己主張性が右寄りなので、会話の中で『間』があくと気になってしまい、その間を埋めようとして自分から先に話しだしてしまうのですが、**自己表現性や自己主張性が左寄りの人は基本的に受け身で、ゆっくりと控え目に、自分のペースで話す傾向がありますし、自己表現性が左寄りの人は注目を避ける傾向があるので、彼らがゆっくり話せる環境や雰囲気をつくる必要がある**と感じています」（原田裕介社長）

EG導入前の問題点

- 社長の考えが幹部に理解されていなかった
- コミュニケーションのトラブルが目立ちはじめていた
- 離職率が高かった

EG導入後の改善点

- 社員同士のぶつかり合いが減り、離職率が下がった
- 社員の不得意を理解した上で指導に当たれるようになった
- 社員の特性に合った人事異動や人員配置が可能になった

EG導入事例 10

株式会社モリエン

9割が緑顕性の会社の中で、緑潜性の社長はどう思われていたのか？

代表取締役：森一朗
事業内容：ペイントディーラー
本社所在地：兵庫県神戸市

社員から「社長は敵」だと思われていた理由

「株式会社モリエン」（ペイントディーラー）の森《もり》一《いち》朗《ろう》社長は、「EGを導入していなければ、会社はなくなっていたかもしれない」と話しています。

「私は、青・黄色の2色顕性ですが、社内に、青と黄色を顕性としている社員が1割もいなくて、残りはすべて、緑顕性です。私の弟である取締役本部長・森《もり》慎《しん》二《じ》郎《ろう》は緑・黄色顕性ですし、先代である父は緑シングル、母は緑・赤顕性でした。

会社を継いだ当初は、『社員全員対社長（私）』『敵は社長ただひとり』といった状況でした（笑）。社員は私のことを、『社長はむずかしいことばかり言うし、すぐに2段飛ばし、3段飛ばしで話を進めようとする。さっぱりわからない』と思っていたし、私も社員に対して、『どうして、言われたことや決められたことしかやらないのだろう？　やる気がないんじゃないか？　もっと積極的に仕事をしてほしい』と不信に思うことがありました。

でも、EGを受診してからは、社員は『社長は敵でもないし、悪いやつでもなかった。思

森社長のプロファイル（青・黄、左・中・左）

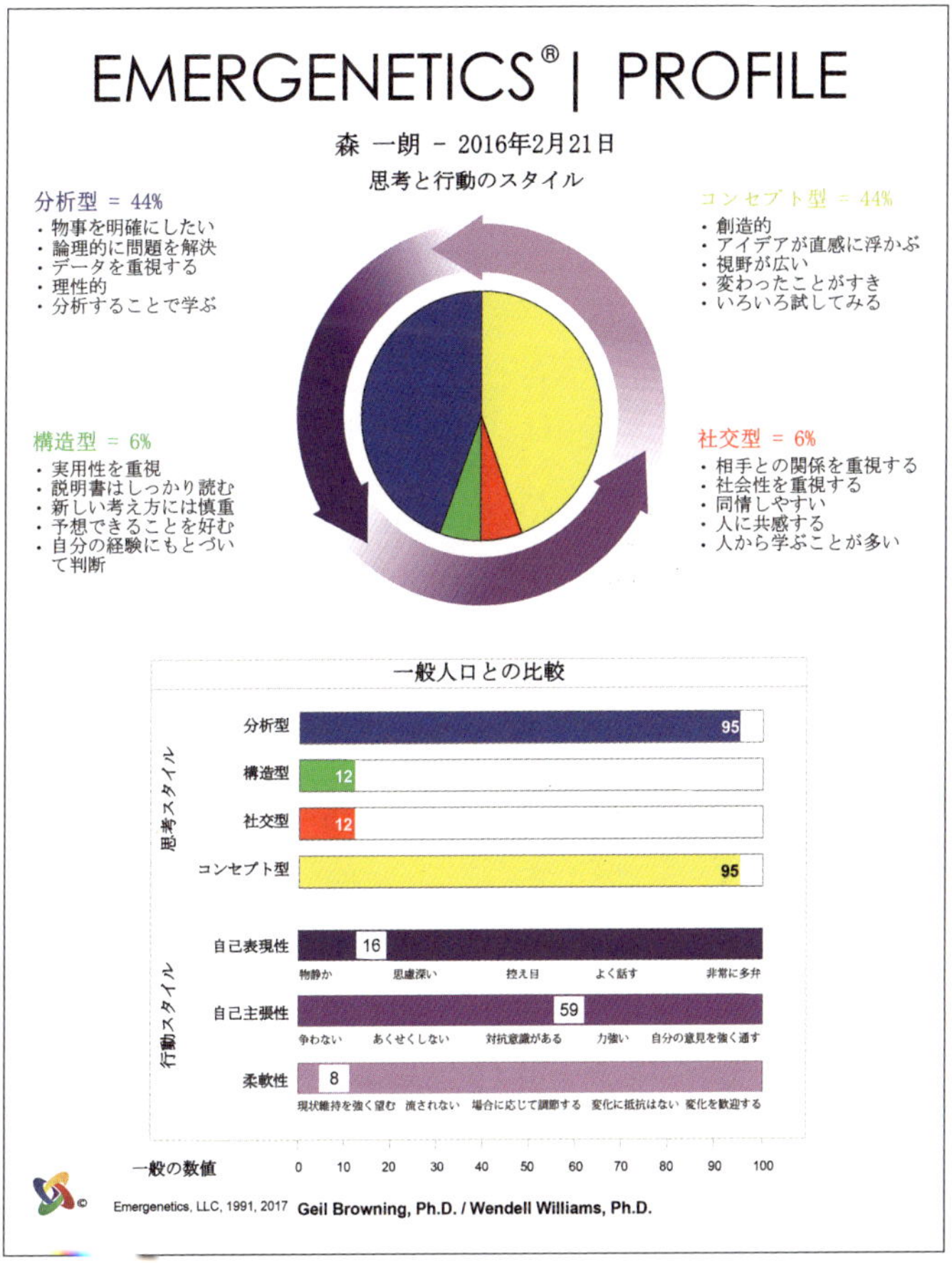

周囲に対して、「なぜ、ゴールが見えているのにみんな、やらないんだろう？」と思うことがある。本人はより良くするために相手に「なぜ」と質問をしているだけなのに、青顕性かつ赤潜性なので、冷たい印象を与えてしまうことも。

考特性が違っただけだ』と思ってくれているようです。私も、社員はやる気がないわけではないことがわかった。現在は、お互いに配慮できる関係になっていると思います。

もしEGを受診していなかったら、私は嫌気がさして、『こんな社員ではもうやっていけない！』と見切りをつけていたと思います。また、社員も『こんな社長についていけない！』と会社を辞めていたかもしれません。そうしたら、**会社を売却して、マンションか貸しビルでも建てていたかもしれません**（笑）」（森一朗社長）

森社長は、「思考特性が同じであっても、コミュニケーションが取りにくいケースがある」と感じています。それは、**パーセンタイルが違いすぎる場合**です。

パーセンタイルとは、「全体を100とした場合、小さいほうから数えて何番目に位置しているか」を示す数値のことです。「30パーセンタイルの人」は「100人のうち、小さいほうから数えて30番目」ということになります。EGでは、「数値が高いほうが、その思考特性を使おうとするエネルギーが多い」と解釈します。

「僕にも青顕性の友人がいるのですが、彼は30パーセンタイルで、私は95パーセンタイルで、2人とも青《あお》顕性でも、判断や思考のスピードが違う気がしています。彼のほうが遅いんです。ですから、彼と話をするときは、**私のペースで話をするのではなくて、『いつもの3分の1のペースで話をする』ように心がけています**」（森一朗社長）

EG導入前の問題点

- 社長と社員の間に不信感が生まれていた
- 新卒採用がうまくいっていなかった
- 社員の得意、不得意がわからなかった

EG導入後の改善点

- 内定辞退が減った
- 話が通じる人と、通じない人がいる理由がわかった
- 社長に悪気がないことを社員が理解してくれるようになった

EG導入事例 11

オザキエンタープライズ株式会社

年に1度、社内EG研修への参加を義務付けて、EGの正しい理解をうながす

代表取締役：尾崎幸信
事業内容：遊技場チェーンの運営
本社所在地：東京都国分寺市

プロファイルがひとり歩きすると、コミュニケーションが悪くなる

「オザキエンタープライズ株式会社」（遊技場チェーンの運営）の尾《お》崎《ざき》真《ま》澄《すみ》副社長は、EGについて、「視覚的に可視化できる強みがある」と感じています。

「パッと見て、その人の思考特性や行動特性がわかるのは強いと思います。ですが、ひとつ間違えると、へそを曲げる人もいます。パーセンテージが低い潜性部分に対して、『欠点』だと思ってしまうからです。ですから、EGをきちんと理解している人が、正しい理解をうながすためのフォローをしていくことが必要だと思います」（尾崎真澄副社長）

オザキエンタープライズは、現在、尾崎真澄副社長をはじめ、3人の認定アソシエイトがいます。認定アソシエイトの資格を取得すると、自社内での社員教育・採用・組織分析などにEGを活用できるようになります。

「社内の認定アソシエイトを中心に、アルバイトも含め、全社的にEGの勉強を進めているところです。年に1回は、自社で開催するEGセミナーへの参加を義務付けています。セミナーではさまざまなワークをし、思考特性と行動特性の違いを実際に体験することができます。**セミナーに出ないでプロファイルだけを取ると、『良い、悪い』『すぐれている、劣っている』という単なる比較として解釈されてしまい、EGが正しく理解されません**」（尾崎真澄副社長）

また、新卒採用にもEGも導入し、手応えを感じています。武蔵野と同様に、学生のプロファイルに似た採用担当者にフォローさせることで、内定辞退の数を減らしています。

「学生には、**内定時にEGを受けていただきます。**学生に当社の魅力を伝えるためには、学生のプロファイルに近い社員をつけたほうが効果的で、緑顕性の学生には緑顕性の社員をつけて現場見学などを行っています。すると学生は、ノートにびっしり当社の魅力を書き出し、納得して帰っていきますね。

ですが一方で、『緑シングルで行動特性が左寄り』の学生に『黄色シングルで行動特性が

尾崎副社長のプロファイル（赤・黄、右・右・右）

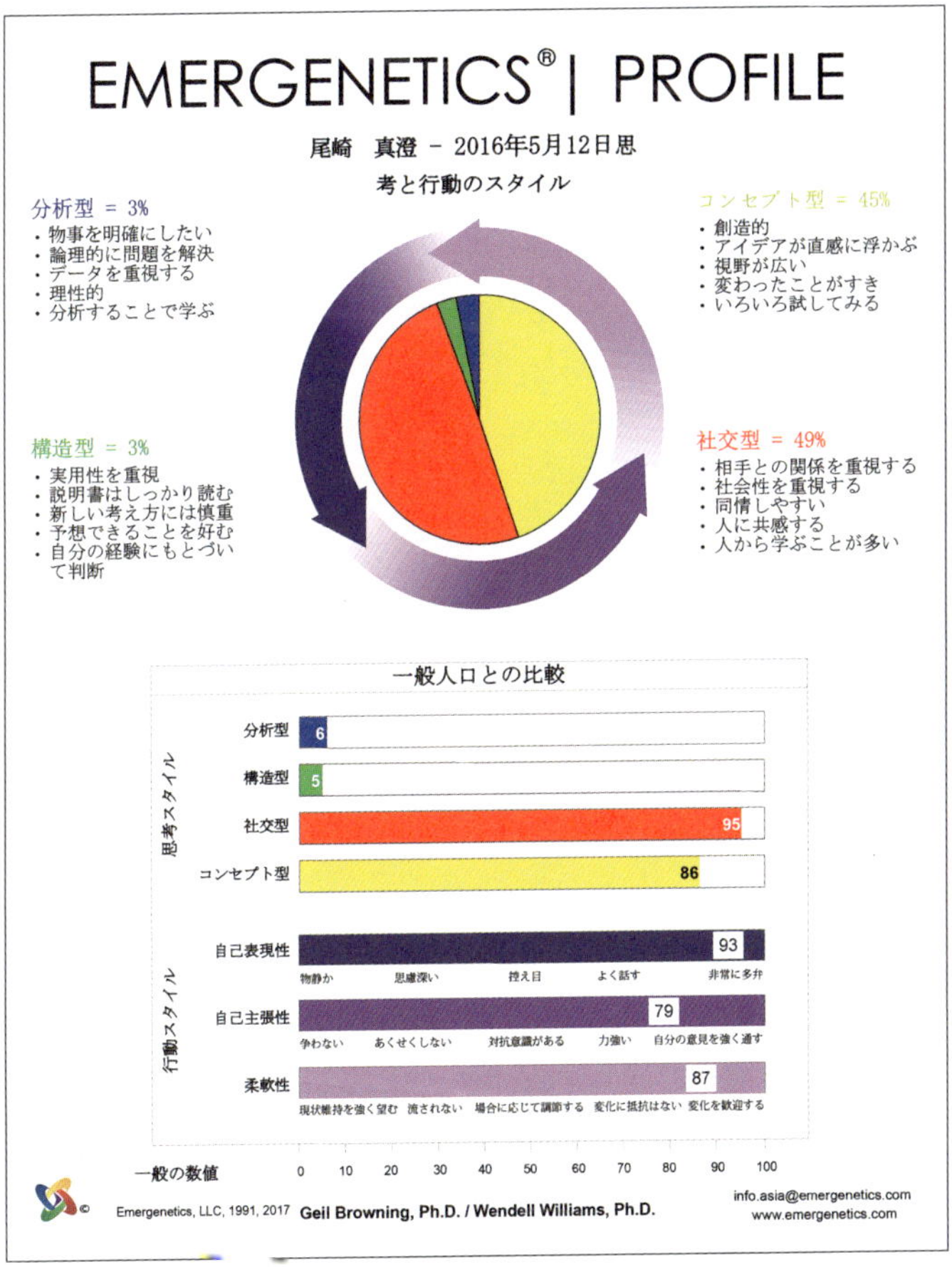

とにかく人と違った新しいことが大好きで、それをみんなでやりたい傾向にある。逆に、細かいことはあまり気にならない。自分が思っていることを口に出すし、「楽しいよね」と言うことが多い。

右寄り』の社員をつけると、社員が一方的に話し続けてしまうため、学生はあっけにとられて終わりです。

赤・黄色顕性の学生に、赤・黄色顕性の社員を担当させたところ、会った瞬間に『一緒に働こう！』と意気投合することもありました（笑）」（尾崎真澄副社長）

EG導入前の問題点

- 新卒採用で、「ほしい人材」が取れないことが多かった
- どうして「そういうことを言うのか（やるのか）」、その理由がわからずに、人間関係のストレスが生じていた

EG導入後の改善点

- 学生の特性に合わせたフォローを心がけた結果、内定辞退が減った
- 視覚化されたプロファイルを貼り出したことで、社員の特性が明らかになった
- 社内に「ともに協力して強いチームをつくろう」という意識が芽生えた

EG導入事例 12

株式会社島袋

継続してEGの勉強を続け、会社の文化として定着させる

代表取締役：島袋盛市郎
事業内容：金物・工具の販売
本社所在地：沖縄県浦添市

ＥＧ研修はゲーム感覚で楽しめるので、社員満足度が高い

「株式会社島袋」（金物・工具の販売）の島《しま》袋《ぶくろ》盛《せい》市《いち》郎《ろう》社長は、経営サポートパートナー会員として、武蔵野が実施するさまざまな研修プログラムに社員を参加させています。

「株式会社ＥＧＩＪ」の「エマジェネティックス®活用セミナー」は、「小山昇認定セミナー」として開催されていますが、「武蔵野さんの研修の中で、もっとも社員満足度の高いセミナーだった」と島袋社長は話しています。

「セミナー終了後に社員に感想文を書いてもらったところ、『**今までで、一番おもしろかった**』という意見が多かったんです。社員のプロファイルを見ると、『緑顕性で柔軟性は左寄り』の社員が多いことがわかりました。『緑顕性で柔軟性は左寄り』の人は、新しいことをやりたがらない傾向にありますが、ＥＧ研修にかぎっては、率《そっ》先《せん》して楽しんだようです。ゲーム感覚で自分の特性が理解できたからだと思います」（島袋盛市郎社長）

島袋社長のプロファイル（青・赤・黄、左・左・左）

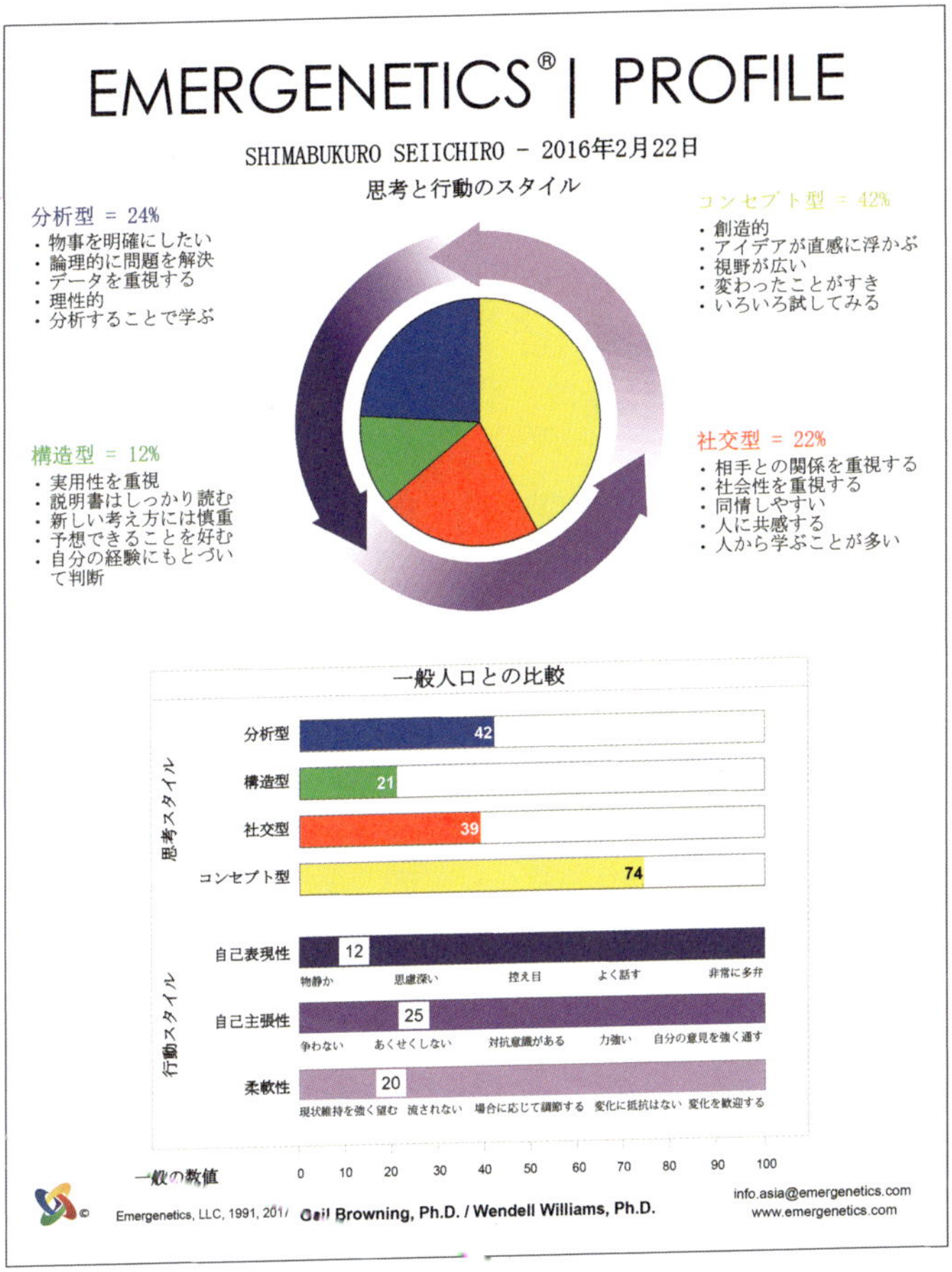

思考特性は3色顕性。行動特性はすべて左寄り。みんながやりたいと思っていることを「いいんじゃない」と認めながらも、青脳で「でも、こうしたほうがいいよね」とポロッと言うこともある。淡々としたリーダーシップを発揮。

島袋社長自身、定期的にＥＧの研修を受けて、理解を深めています。

「以前の私は緑顕性でしたが、今は黄色顕性になっています。黄色が増えてきたのは、細かい仕事を緑顕性の社員に任せるようにしてきたからです。

かつての私は、何から何まで自分でやりたがるタイプでした。ですが、それでは人が育たないから、今は社員に仕事をお願いするようにしています。また、社内には緑顕性が多く黄色顕性が少ないので、アイデアを生み出す仕事は私がしています。その結果、**私のプロファイルが変わりました。**株式会社ＥＧＩＪの賀川ＣＥＯも、『普通はそう簡単にプロファイルは変わらないのですが、島袋社長は、ものの見事に変わりましたね』とびっくりされていました」（島袋盛市郎社長）

島袋社長は、「ＥＧの導入によって社内のコミュニケーションに変化が生まれた」と感じる一方で、**「文化として定着させるには、継続性が大事」**だと認識しています。

「ＥＧ研修を一度受けたからといって、それだけで社内の問題がすべて解決するとは思っていません。現段階では、せいぜい、『自分と違う考え方の人もいる』ということを理解してもらえれば十分だと思います。人間は、そんなにすぐに変われないので、研修を受けても、1カ月もすれば、元に戻ってしまう。ですから、継続性を大切にして、定期的に研修を受けて、5年、6年かけてEGを会社の文化として定着させていこうと考えています」

（島袋盛市郎社長）

EG導入前の問題点

- 自分と他人の違いにストレスを感じる社員が多かった
- 社長が社員に仕事を任せず、何もかも自分でやろうとしていた

EG導入後の改善点

- 自分と他人は違っているのが当然で、しかも「どちらも正しい」ことがわかった
- 社員の特性がわかったことで、仕事の振り方や指導のしかたが変わった
- 今後、どのような特性の人材を採用すれば組織が活性化するかがわかった

EG導入事例 13

有限会社宮川商店

色を言い訳にさせない。嫌いな仕事に、得意な方法でアプローチさせる

代表取締役：星浩司
事業内容：飲食業
本社所在地：東京都中央区

「得意、不得意」と「やる、やらない」は違う

「有限会社宮川商店」（飲食業）の星《ほし》浩司《こうじ》社長は、７年ほど前にＥＧを受診し、「東京でＥＧＩＪ主催のセミナーがあるときは、ほとんど参加していた」と言うほど、何度も勉強を重ねています。しかし、それでも「何回やっても、むずかしい」と感じています。

「ＥＧを学ぶと、『わかり合うのはむずかしい』ことがわかります。ＥＧのセミナーではさまざまなワークを行いますが、緑潜性の私が、緑顕性の人の心に響く言葉をかけるのは、本当にむずかしい。『ＥＧを勉強すれば、すぐに誰とでもわかり合えるようになる』わけではないので、まずは、『人には考え方の違いがある』ことを理解する。そうすれば、コミュニケーションのロスが少なくなると思います」（星浩司社長）

ＥＧのプロファイルを見ると、その人の得意、不得意がわかります。ですが星社長は、**「得意、不得意」と「やる、やらない」を区別**して解釈しています。

「不得意だからやらなくていいわけではありません。嫌だけどやらなければいけない仕事もある。でも、**『不得意なのは自分がダメだからではなく、自分の特性として向いていないからだ』とわかるだけでも、自己否定しなくなる**と思います。

私は社員に対して、『色を言い訳にさせない』ようにしています。『緑顕性だからこの仕事』『青顕性だからこの仕事』といったように、色別の仕事があるのではなくて、緑でも青でも赤でも黄色でも、同じ仕事をする。でも、その**仕事のアプローチのしかた、進め方、やり方には、違いがあってもいい。**自分の得意なやり方で結果を出せばいいと思います」（星浩司社長）

中小企業は、一度にたくさんの社員を抱えることはできません。事業規模が小さい会社であれば、雇用できる社員の数も決まってきます。したがって、すべての特性を持つ人材をバランスよく採用できるとはかぎらない。星社長もそのことを認識しています。

「中小企業はひとつの部署に配置できる人数が少ないので、WEチームをつくるのは簡単ではありません。ですから、足りない色があることを前提として、『WEチームをつくる』

星社長のプロファイル（赤・黄、右・右・右）

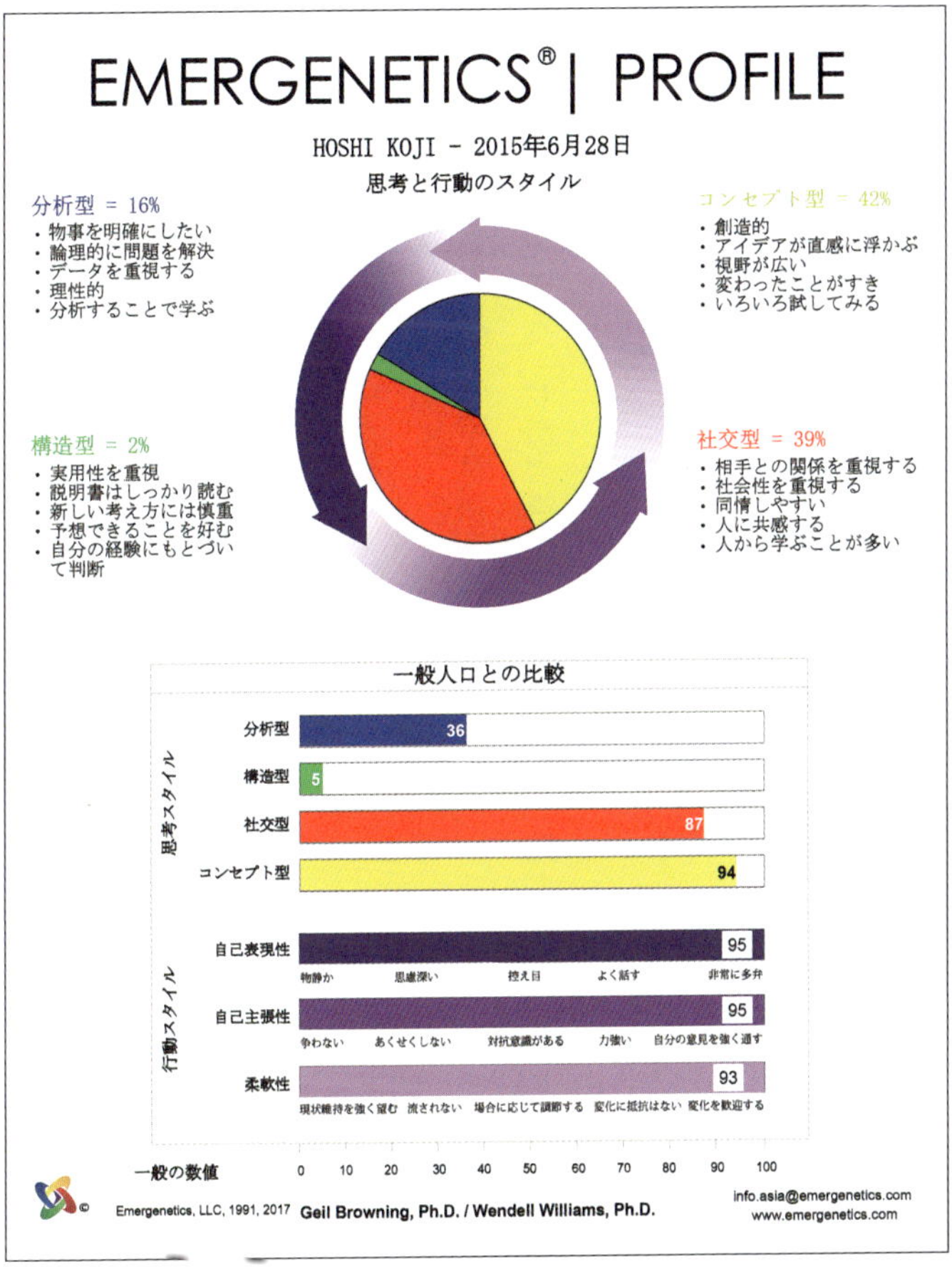

赤と黄色の２色顕性で、とにかく人と違う新しいことが大好きで、それをみんなでやりたいと考える思考特性。柔軟性が右寄りで変化を好み、黄色顕性で新しいことを好み、自己主張性右寄りでぐいぐい引っ張っていく。

というよりも、『不足分をどう補うか』とアプローチのしかたを考えることが大事です。『飲食事業を体系化するための教育』が必要であれば、外部講師にお願いをする。苦手なものを一所懸命やっても、大きな成果は得られません。だとしたら**社内の人材だけでWEチームをつくるのではなく、外部の力を借りながら、ひとつのプロジェクトとして、WEチームにしていけばいい**のではないでしょうか」（星浩司社長）

EG導入前の問題点

- 特定の仕事に対して苦手意識を持つ社員がいた
- 自分と違う考え方、自分と違う行動をする人に対して「カチン」とくる社員がいた

EG導入後の改善点

- コミュニケーションのロスが少なくなった
- 人には「違いがある」ことを理解できるようになった
- 「足りない色」があることを前提に、「どのような方法で補うか」という視点が生まれた

監修者より

ダイバーシティの本質は、他人の価値観を認め、活用すること

株式会社ＥＧＩＪ代表取締役　賀川正宣

私が「エマジェネティックス®」と出会ったのは、２００８年です。私の経営する携帯電話販売会社にＥＧを導入した結果、組織力と接客サービスの向上を体感し、大幅に業績を伸ばすことができました。

ＥＧは、多店舗展開、人事配置、部下指導、営業、プレゼンテーション、新規採用、社内コミュニケーションなど、人に関わるすべての問題を解決できるツールです。

そのことを確信した私は、ＥＧ活用における成功体験を多くの企業に伝えようと、認定アソシエイト資格を取得。ＥＧを用いた研修を積極的に展開し、２０１７年11月末現在で、５５５社、５１１０人を対象に、研修、プロファイル分析を行っています。

2015年には「株式会社EGIJ」を設立し、日本におけるEGの普及、推進活動に力を注いでいます（2017年10月に、エマジェネティックスインターナショナルのマスターアソシエイトに認定）。

本書で小山昇社長が指摘されているように、これからは、「人材戦略」に長《た》けた会社が生き残る時代です。

とくに、大企業に比べて人材の確保が困難な中小企業において、「人材戦略」は深刻な課題です。

この課題を解決するひとつの手法が、**「ダイバーシティ・マネジメント」**です。

ダイバーシティ・マネジメントとは、多様な人材を積極的に活用しようという考え方のことです。

国籍、性別、年齢といった外見的な違い、それから性格、経歴、価値観といった内面的な違いを受け入れることができれば、組織の生産性を上げることが可能です。

ダイバーシティというと、外国人や女性の積極雇用といったイメージが先行しがちですが、ダイバーシティの本質はとてもシンプルで、

「自分とは違ったものの見方を認め、活用すること」

だと私は考えています。

エマジェネティックス®のプロファイルを見ると、人それぞれ、思考特性も、行動特性も違うことがわかります。

自分の「普通」と他人の「普通」は違います。自分の考え方も、他人の考え方も、どちらも正しい。そのことを理解していれば、人に対して寛容になれる。そして、人間関係のストレスから解放されます。

人に関わる問題が少なくなると、組織の発展を止めていたブレーキが外れて、企業は、今まで以上のポテンシャルを発揮できます。

ＥＧを企業経営に導入すれば、

- 「円滑なコミュニケーションの構築」
- 「得意分野を活かす組織づくり」
- 「生産性の高いチームビルディング」

が実現し、中小企業の現実、現場に即したダイバーシティが実現するでしょう。

末筆になりましたが、ゲイル・ブラウニング博士、ウェンデル・ウィリアムズ博士をはじめとするエマジェネティックスインターナショナルの皆様、プロファイル等の掲載をご承諾いただきました企業様、ＥＧＩＪのみなさん、そして株式会社武蔵野の小山昇社長に心より御礼申し上げます。

ＥＧが、中小企業の「人材戦略」を成功させる助力となれば、これ以上の喜びはありません。

特別付録

特性別説明書

思考特性15パターンの傾向

NGワード集

特性別説明書 ❶

分析型	
強み	●論理的 ●客観的 ●合理的・データを重視 ●情報を利用する ●情報収集 ●素早い問題解決 ●データ分析が得意 ●効率的
強く表れすぎると	●威嚇的 ●つまらない ●そっけない ●よそよそしい ●杓子定規 ●社会性がない ●論理的すぎる ●思いやりがない
分析型特性が覚えておきたいこと	●他人に対して我慢することを覚えること ●あなたの判断を他人が理解するように時間をとること ●他人の意見を広く聞き入れるよう注意すること ●理解されているか、言葉を言い換えて確認すること ●他の人の言葉づかいや身振り手振りを真似してみる ●他人の感情に気を向けること
分析型特性と話すときは	●正確さが大切 ●余計な話はそぎ落として結果から話す ●まとめ・概要を話す ●事実だけを短めに話す ●状況を分析できる情報を一緒に ●端的なほどよい ●論理的でデータにもとづいた結果をプレゼン ●理解するまでに適度な時間を与える ●質問する機会をつくる

特性別説明書 ❷

構造型	
強み	● 頼りになる ● ガイドラインやルールにのっとる ● 規則に最後まで従う ● 実務的 ● 秩序のないところに秩序をつくる ● 詳細を重視 ● 実行派 ● ひとつひとつ学ぶ ● 几帳面 ● 想定範囲内 ● 緻密
強く表れすぎると	● 白か黒か ● 退屈 ● 頑固 ● 過敏 ● 細かい ● かたくな ● 愚直 ● 重箱の隅をつつく ● 形にとらわれすぎ ● 創造性に欠ける
構造型特性が覚えておきたいこと	● 変化を受け入れることに寛容になること ● 新しいアイデアに興味を持つこと ● 話や物事が脱線することを受け入れること ● もし〇〇だったら？／やってみれば？ と自身に問いかけてみる ● 細かい点が争点になった場合は、いくつか選択肢を持つ ● 人の言うことを聞いてみる ● 詳細が必要かどうかまず聞いてから説明する
構造型特性と話すときは	● 事実を詳細に与える ● 明確で詳細な方向性を示す ● 仕事は任せる ● サプライズは必要なし ● 事前に告知をする ● 脱線せずに予定通り進める ● ガイドラインをつくり、その範疇で物事を進める ● 情報は書面で渡す ● 質問を受け、時間をかけて明確に理解してもらう

特性別説明書 ❸

社交型	
強み	●難しいことでもそつなく伝えることができる ●人の仲をつなぐ ●親しみやすい ●心づかい　●思いやり ●共感的　●公正 ●人を直感で判断できる ●社会性に敏感 ●気づかいができる ●行動がどう影響するか考えることができる
強く表れすぎると	●八方美人 ●幼稚 ●感情的 ●不合理 ●実務的に考えない ●おせっかい ●過敏すぎる　●心が弱い ●優しすぎる　●繊細すぎる
社交型特性が覚えておきたいこと	●要点を話すことを覚える ●普通は感情で物事は進まないことを覚えておく ●分析をしっかり行う ●目的を持って話をすることを覚える ●事実を確認してから動く ●感情的になっていないか、自分で振り返るようにする ●過去の感情や思い出にとらわれない
社交型特性と話すときは	●彼らの意見が価値のあるものであることを話す ●事実以上のものを与える（感情的な要素） ●アイスブレークに仕事以外の話を入れる ●真摯に話す。皮肉はNG ●気づかい、心づかい ●身振り手振りや目線など、言葉以外のコミュニケーションをよく観察する ●決断についてどう思うか、意見を求める ●彼らの思っていることや、感情をサポートする

特性別説明書 ❹

コンセプト型	
強み	● ビジョンを創り出す ● 大きな絵を描く ● 新しいアイデア ● 障壁を乗り越え、結果を出す ● いろいろな状況を考える ● 創造的 ● なんでもやってみる ● グローバル ● アイデアが直感で浮かぶ ● 未来を考える
強く表れすぎると	● あてにならない ● 実現性がない ● 不注意 ● 夢見がち ● 筋が通っていない ● ちがう世界にいる ● バラバラ ● 自制心がない ● 体系化されていない ● 変わっている
コンセプト型特性が覚えておきたいこと	● 自分のアイデアに根拠を持っておく ● 斬新さを出すときは状況を考えてから ● 突然出てきたアイデアにはしっかりとフレームをつくる ● 細かなプロセスも必要であることを尊重する ● 変えることを提案するときはその影響も一緒に考える ● 他人の考え方も重要視する
コンセプト型特性と話すときは	● ブレインストームの時間を与える ● 目的に向かって自由に進めるようにする ● 細かい点は省いて大きな絵を描く ● 思考中モードから戻ってくるのに時間を与える ● 脱線するのを許す ● 楽しく取り組む ● 創造性や発明が必要な仕事を与える

思考特性15パターンの傾向

1 青・緑・赤・黄色

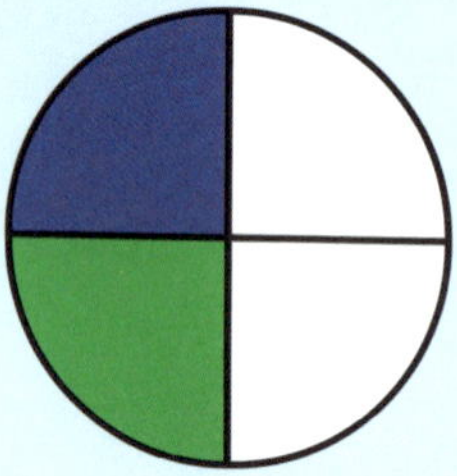

ゴールまでの最短距離を論理的に分析し、それを実現するための計画を立て、きちっと実行していくことを好む。青脳が強く表れすぎると、周囲からは「ちょっと理屈っぽくて面倒くさい」と見えることがある。しかし、決められたことをきちっとやっていく人なので、周囲も文句が言えないことが多い。

2 青・緑・赤・黄色

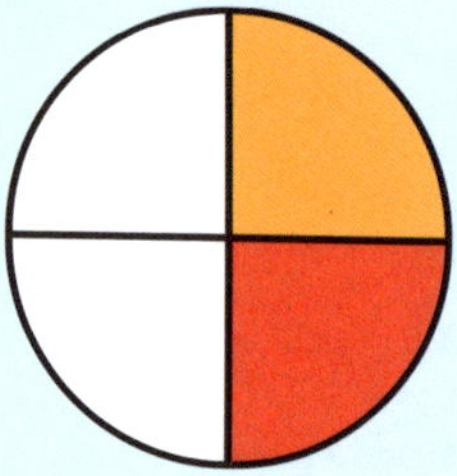

「人と違う新しいこと」が大好きで、それを「みんなでやりたい」という思考特性。ゴールが根拠なく見えるタイプで、「面倒くさいことは抜きで、みんなで楽しくやったらいいじゃないか」と考える。細かいことを考えるのは、苦手。

3 青・緑・赤・黄色

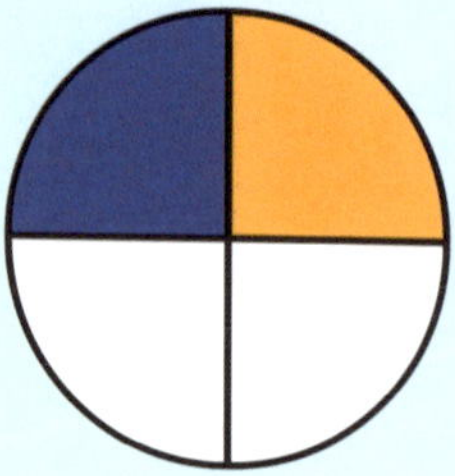

抽象脳。10年後、20年後はすぐにイメージできるが、目の前のことには興味がない可能性が高い。新しいことが大好きで(黄色)、青でどう最短コースで実現できるか思いつく。でも、それを自分自身で実行したいとは思わない。

4 青・緑・赤・黄色

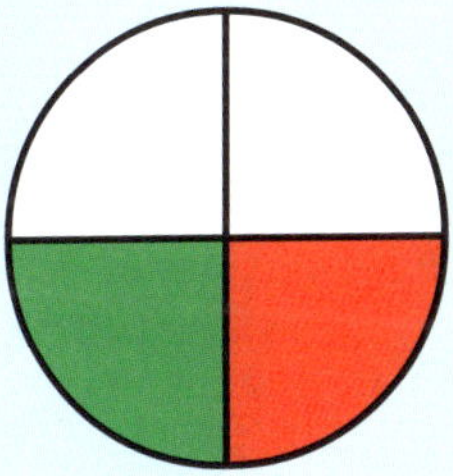

具象脳。実行計画を立てるときに、5年後、10年後の姿はどうですか、と聞かれると困ることがある。反対に、今すべきことは何かがわかり、それを丁寧にやることは得意。計画的に相手を喜ばせたいと思っているが、急に喜ばせろと言われると困ってしまうことがある。

5 青・緑・赤・黄色

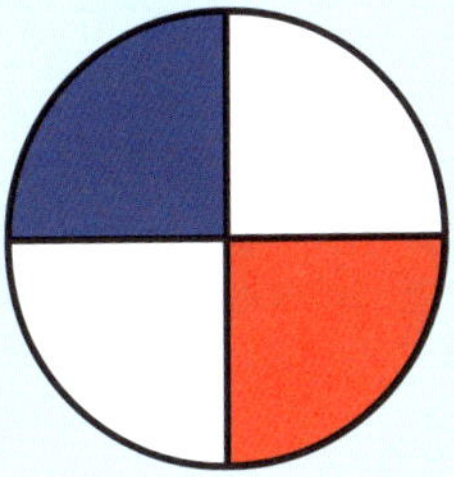

論理的に分析できて（青）、赤も顕性なので、それを人に伝えるとき、やわらかく、わかりやすく、受け入れやすい言い方をする。一方で「論理的に考えたらこれが正しいが、そうするとあの人がかわいそう」と、論理と感情の板挟みになって、迷うことがある。

6 青・緑・赤・黄色

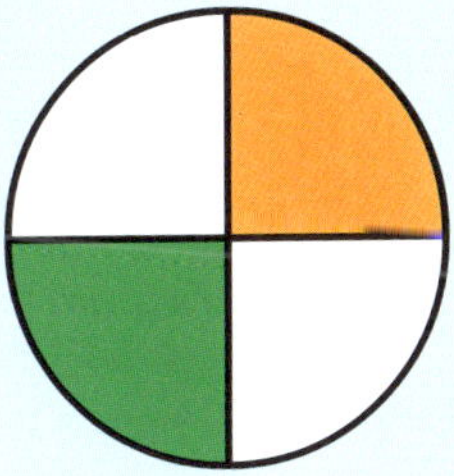

不可能を可能にする脳と呼ばれる。黄色で大胆な発想を思いつきながら、きちっとそれをプロセスに落とし込んで実行、実現しようとするタイプ。緑顕性であるので、「さっぱりした人」だと思われていることが多いが、ときおり突拍子もない発言や行動をとることもあるため、周囲が困惑することもある。

思考特性15パターンの傾向

7 青・緑・赤・黄色

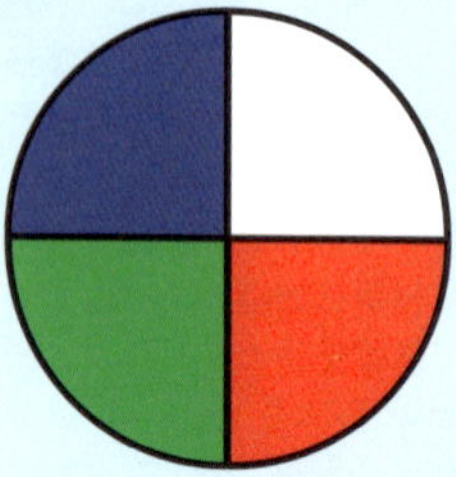

みんなで（赤）、決められたことを決められたとおりにきちっと（緑）、効率良く（青）やりたいという思考が強い。その反面、黄色が潜性であることから、新しいことに取り組みたいという思考は、それほど強くはない。決断も時間がかかりがち。

8 青・緑・赤・黄色

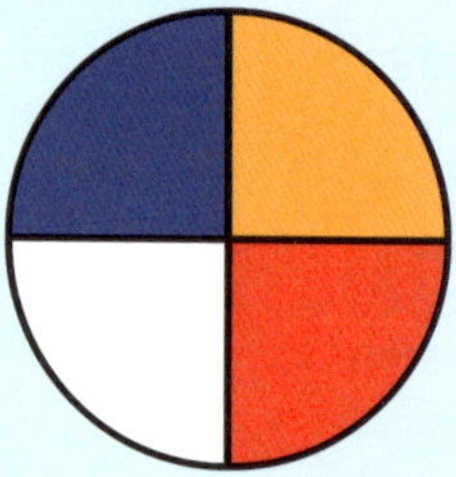

新しいことが大好きで（黄色）、最短コースがわかる特性を持っていて（青）、それをみんなで共有したいと考える（赤）。ただし、３色顕性のため、決定するまでに時間がかかる。また、緑が潜性なので、決められたことをきちっとすることは苦手な傾向がある。

9 青・緑・赤・黄色

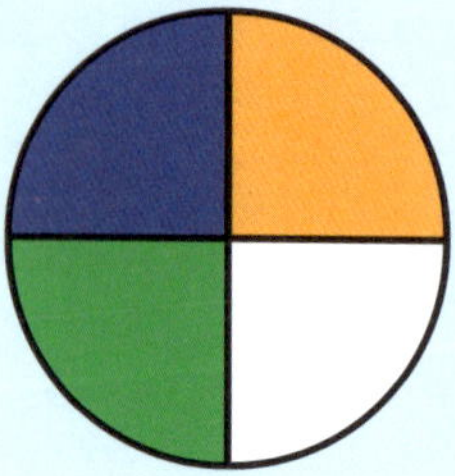

新しいことが大好きで（黄色）、最短コースでどう実現すればいいかわかり（青）、緑でそれを自分で実行することを好む。できない人の気持ちがわからないこともあり、そのことを口にしてしまうと、赤が潜性なのできつく聞こえることがある。何でもできる人に映ることが多い。

10 青・緑・赤・黄色

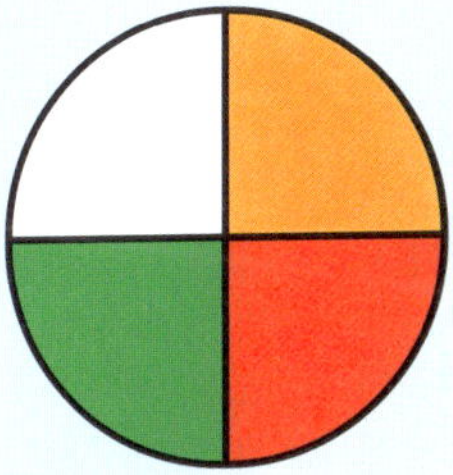

新しいことを（黄色）みんなで力を合わせてやりとげたい（赤）。そして、きっちりきっちりとやりたい（緑）。ただし、青潜性のため、そこに論理性はなく、なぜそれをするかはあまり気にならない。

11 青・緑・赤・黄色

４色顕性の思考特性で、世界に１％未満しかいない。さまざまな観点から考えて結論を出すので、決定に時間がかかる傾向がある。また、一度決定したことでも後から「やっぱり別の結論もよいのでは？」と迷う傾向がある。すべての特性がわかるのですべての人に公正に接しているように見える。

12 青・緑・赤・黄色

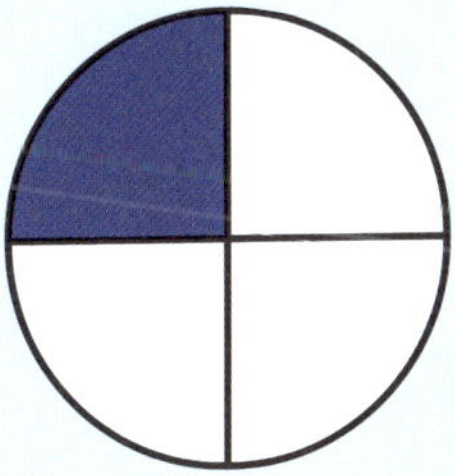

原則として論理的であることを好む。データにもとづいて、その根拠がどうなったか、すべて確実に把握したい特性がある。何事にも「なぜ？」が気になり、理詰めで問いかけるので、冷たく詰問されているように感じる人もいる。本人としては、より良くするために聞いているだけ。

思考特性15パターンの傾向

13 青・緑・赤・黄色

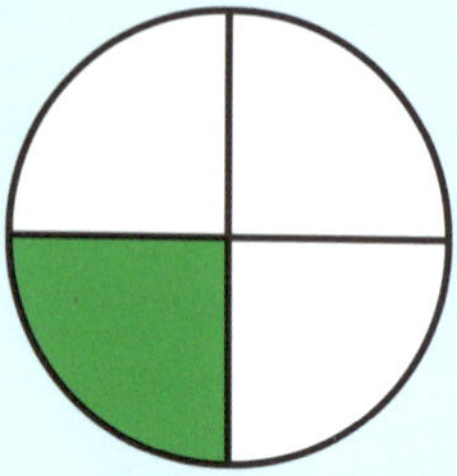

決められたことを、決められた通りに、きちっとすることが得意であり、それをすることがとても気持ちがいい。予測できることを好むタイプ。すべて計画通りに行われることを好むため、イレギュラーな案件などにはストレスを感じやすい。新しいことに取り組むのは慎重で、予測できない未来は避けたいと考える傾向がある。

14 青・緑・赤・黄色

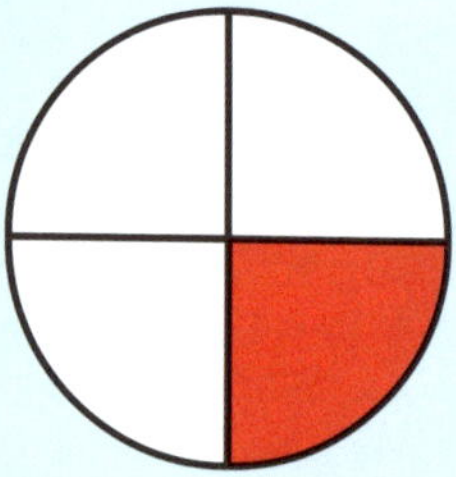

判断の中心に人の気持ちがある。出社した瞬間に、「あの人、元気ない」「あの人、調子が良さそうだ」ということが感覚的にわかる。同僚の服装や髪型の変化に真っ先に気づく。そこに論理性はなく、感情的、感覚的な脳。みんなが仲良くなるのがイチバン。

15 青・緑・赤・黄色

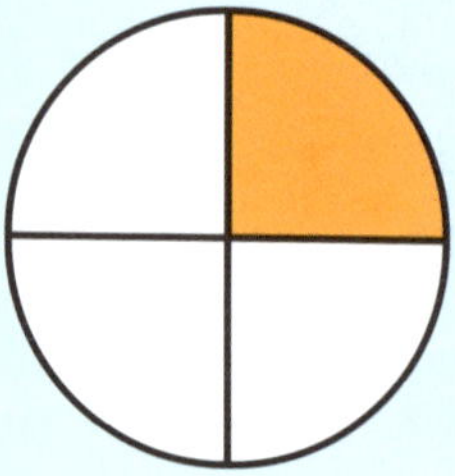

新しいことや、まだ誰もやっていないことが大好きで、そのようなことをどんどん思いつき、いろいろと試してみたくなる。自己表現性が右寄りだと「面白い人」に見えることが多く、左寄りだと、「何を考えているかわかりにくい不思議な人」という印象になりがち。

NGワード集

青脳が強い、弱い、自己表現性が強い、弱い……

青が大きい、小さい、緑が大きい、小さい……

青の割合が多い、少ない

エマジェネティックスは、思考や行動の特性を測るものであり、能力を測るものではない。そのため、優劣を想起させる表現は好ましくない。「強い／弱い」「大きい／小さい」「多い／少ない」も同様。「青顕性」「青潜性」という表現を使うこと（34ページ参照）。

青の人、緑の人、赤の人、黄色の人

青の方、緑の方、赤の方、黄色の方

あの人は青だから、あの人は緑だから……

青脳の人、緑脳の人、赤脳の人、黄色脳の人

分析型の人、構造型の人、社交型の人、コンセプト型の人

あなたは青い

誰でも４つの思考特性を持っている。特定の思考特性だけ持っているわけではない。このような表現をすると、決めつけ、レッテルはりになる。「青顕性の人」「○○さんの赤い部分」「私の赤脳が嫌と言っています」「青脳が拒絶反応を示しています」という表現ならOK。

NGワード集

あの人は青顕性だから優秀、仕事ができる……

あの人は青潜性だからダメ、仕事ができない……

あの人は緑顕性だから、この仕事に向いている……

あの人は赤潜性だから、この仕事に向いていない……

私は、黄色顕性（黄色潜性）だから、この業務はできません……

エマジェネティックス®は、能力を測るものではないので、誤り。また、思考特性の違いは、仕事の遂行においては、アプローチの仕方の違いでしかなく、どの色がどの仕事に向いているということはない。その色に向いたやり方があるだけ。色を「できない言い訳」にしないことについては、109ページを参照。
「あの人は青顕性／潜性だから、分析が得意／不得意（苦手）」「私は緑潜性だから、飛び込み営業は好きではない」という表現ならOK。

同じ思考特性、真逆の特性

プロファイルは誰一人として、同じではない。そのため、「同じ」や「正反対」「真逆」といった厳密な表現は使えない。「似た特性」「対角の色」といった表現なら使用することはできる。

著者紹介

小山　昇（こやま・のぼる）

株式会社武蔵野代表取締役社長
1948年山梨県生まれ。「大卒は2人だけ、それなりの人材しか集まらなかった落ちこぼれ集団」を16年連続増収の優良企業に育てる。2001年から同社の経営の仕組みを紹介する「経営サポート事業」を展開。2017年にはJR新宿ミライナタワーにもセミナールームをオープンさせた。

現在、700社以上の会員企業を指導。5社に1社が過去最高益、倒産企業ゼロとなっているほか、「実践経営塾」「実践幹部塾」「経営計画書セミナー」など、全国各地で年間240回以上の講演・セミナーを開催。

1999年「電子メッセージング協議会会長賞」、2001年度「経済産業大臣賞」、2004年度、経済産業省が推進する「IT経営百選最優秀賞」をそれぞれ受賞。

日本で初めて「日本経営品質賞」を2回受賞（2000年度、2010年度）。

エマジェネティックス®の認定アソシエイト。思考特性は、青・赤・黄色の3色顕性。行動特性は、すべて右寄り。

『99%の社長が知らない銀行とお金の話』『無担保で16億円借りる小山昇の“実践”銀行交渉術』『強い会社はどんな営業をやっているのか？』（あさ出版）、『数字は人格』（ダイヤモンド社）、『仕事ができる人の心得【改訂3版】』（CCCメディアハウス）などベスト＆ロングセラー多数。

監修者紹介

賀川正宣（かがわ・まさのり）

株式会社EGIJ代表取締役、株式会社NSKKホールディングス代表取締役
1968年生まれ。2008年エマジェネティックス®（EG）と出会い、自らの会社の経営にEGを取り入れ、組織力と接客サービスの向上を体感し、大きく業績を伸ばす。自らが経営する携帯電話販売会社では、全社員、アルバイトの全員がEG研修を受講。社内に全員のプロファイルを貼りだし、常に互いのプロファイルを意識しながらコミュニケーションをとれるようにした。人事にも積極的に活用し、新規事業立ち上げチームをつくる際の人選、新卒採用等にもプロファイルを駆使し、強いチームづくりを実現。2010年には携帯電話販売台数で日本一になるなど、めざましい業績向上を実現させ、2012年には持ち株会社に移行、他業種へと事業領域を拡大させている。

自らの事業においてEGを活用した成功体験を多くの企業に伝えるべく、認定アソシエイト資格を取得。EGを用いた研修を積極的に展開し、年間1,000人以上が受講している。2017年10月、マスターアソシエイト資格を取得。

2015年4月1日、株式会社EGIJを設立、代表取締役に就任。エマジェネティックスインターナショナルジャパンの業務運営を行い、日本におけるEGの普及、推進活動に力を注いでいる。2017年11月末現在で、555社、5,110人を対象に研修、プロファイル分析を行った。

思考特性は、赤・黄色の2色顕性。行動特性は、すべて右寄り。

チームの生産性《せいさんせい》を最大化《さいだいか》する
エマジェネティックス®

〈検印省略〉

2018年 2 月 15 日 第 1 刷発行
2022年 9 月 5 日 第 3 刷発行

著　者——小山 昇（こやま・のぼる）
監修者——賀川 正宣（かがわ・まさのり）
発行者——田賀井 弘毅

発行所——株式会社あさ出版

〒171-0022 東京都豊島区南池袋 2-9-9 第一池袋ホワイトビル 6F
電　話 03 (3983) 3225（販売）
03 (3983) 3227（編集）
F A X 03 (3983) 3226
U R L http://www.asa21.com/
E-mail info@asa21.com

印刷・製本 文唱堂印刷株式会社

note http://note.com/asapublishing/
facebook http://www.facebook.com/asapublishing
twitter http://twitter.com/asapublishing

ISBN978-4-86667-038-6 C2034

武蔵野・小山昇社長好評既刊！

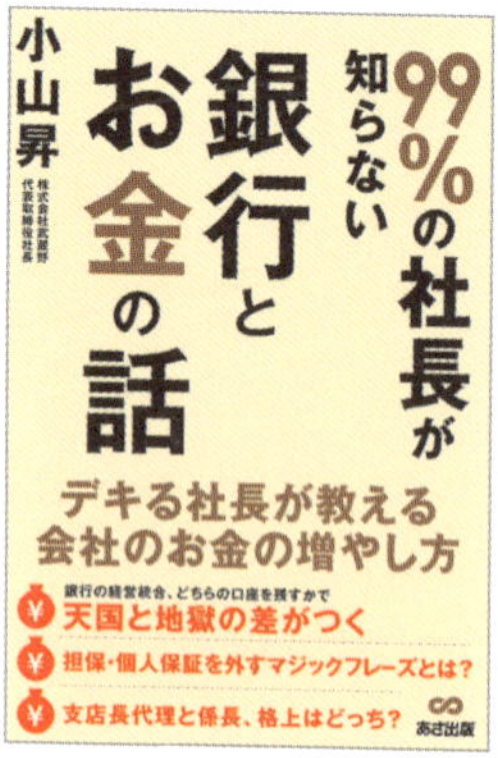

99%の社長が知らない銀行とお金の話

978-4-86063-828-3
定価　1,760円　⑩

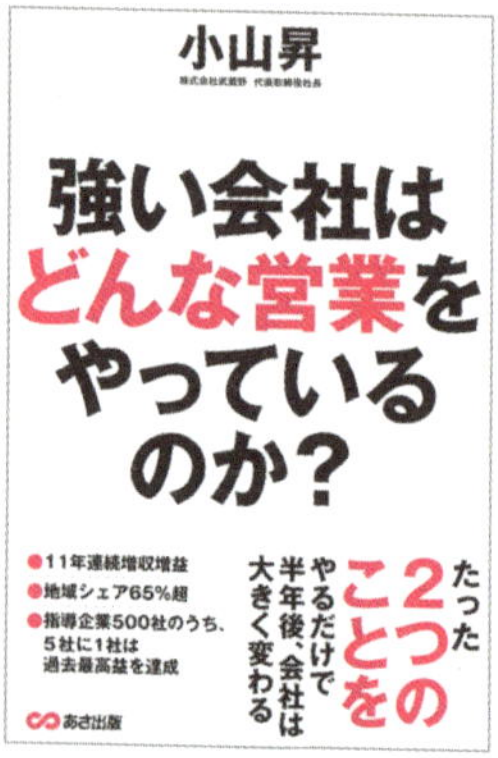

強い会社はどんな営業をやっているのか？

978-4-86063-681-4
定価　1,650円　⑩

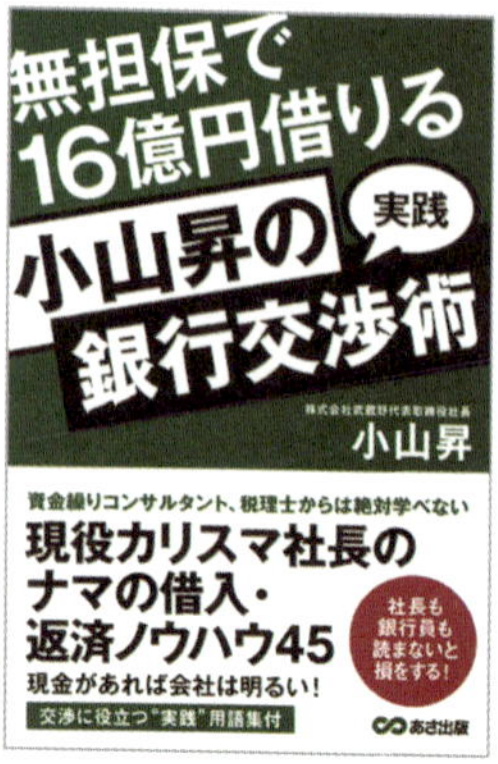

無担保で16億円借りる小山昇の"実践"銀行交渉術

978-4-86063-393-6
定価　1,760 円　⑩